나는 정말 행복한가?

나는 정말 행복한가?

초판 1쇄 인쇄 2013년 7월 10일
초판 1쇄 발행 2013년 7월 26일

지은이 강태수

펴낸이 김찬희
펴낸곳 끌리는책

출판등록 신고번호 제25100-2011-000073호
주소 서울시 구로구 오류동 109-1 재도빌딩 206호
전화 영업부 (02)335-6936 편집부 (02)2060-5821
팩스 (02)335-0550
이메일 happybookpub@gmail.com

ISBN 978-89-90856-56-2 13320
값 13,000원

나는
정말
행복한가?

강태수 지음

끌리는책

어느 날 문득
'나는 정말 행복한가?'라고
묻고 싶어질 때

잠시 하던 일을 멈추고 머리 뒤로 손을 깍지 낀 채 몸을 한껏 젖혀 보세요. 그리고 온몸의 긴장을 풀고 눈을 감으며 '나는 정말 행복한가?' 라고 스스로에게 질문해보십시오. 어떤 생각이 떠오릅니까?

강의를 할 때 "지금 행복합니까? 그러면 손을 들어보세요" 하고 물으면, 대부분 행복하다고 손을 듭니다. 그러나 "정말 행복합니까?" 하고 '정말'을 강조하면서 다시 물으면, 손을 들었던 사람들 중 반 이상이 손을 내립니다. 왜 그럴까요?

혹시 맛있는 음식을 먹어서, 오랜만에 가족과 여행을 해서, 아이가 성적이 올라서 행복한가요? 그런 게 행복이라고 생각하나요? 그런데 그런 행복은 일상으로 돌아오면 금세 잊히거나 스트레스에 묻혀버립니다. 행복감이 오래가지 않습니다. 그렇다면 정말 행복하다는 것은 무엇일까요? 그것은 마음속 깊이 항상 즐겁고 싱싱하고 고마운 정서가 넘쳐나는 것을 말합니다. 외부의 조건이나 어떤 특별한 일이 나를 행복하게 하는 것이 아니라, 마음속 깊은 곳에서 흔들림 없이 유지되는 기쁨 혹은 즐거움이 늘 행복한 일로 나타나는 것이 진짜 행복이 아닐까요?

저는 1990년에 LG전자(당시 금성사) 교육훈련부에 입사해서 12년 동안 근무했습니다. 대학 전공은 신문방송학이었지만, HRD Human Resource Development 분야에서 사내 강사로 일하게 되었습니다. 그런데 전공에 미련이 있어서인지 입사 후 7년여 동안은 '나와 맞지 않는 일이야' 하는 생각에 일을 하면서도 늘 스트레스에 시달렸습니다. 그런데 어느 날 '어차피 해야 하는 일이라면 스트레스 받으며 일하기보다는 정말 이 일을 좋아해보자'라고 결심하게 되었습니다. 그런 결심으로 정말 강의를 즐겁게 하기 시작했습니다. 그러자 놀랍게도 강의가 끝난 후 직원들이 다가와 악수를 청하거나 감동했다고 말을 건네는 일이 많아졌습니다. 처음으로 제가 하는 일에 즐거움을 느꼈고, 일에 대한 자부심이 생겼습니다. 이를 계기로 회사 생활을 하면서 대학원에 진학하여 HRD 분야의 전공 지식을 쌓고 성공과 행복을 누릴 수 있는 방법에 대해 연구했습니다. 그 후 5년 정도 더 강의와 공부를 한 후 LG전자를 떠났습니다.

2003년부터는 기업체 임직원을 대상으로 강의와 코칭을 꾸준히 하고 있습니다. 동시에 강사로서 부족함이 없도록 한층 더 성숙해지고자 하는 노력도 계속했습니다. 그때부터 지금까지 매주 토요일이면 다섯 시간씩 마음과 관련된 강의에 참여하여 신병천 마스터코치님의 강의를 듣고, 동시에 세미나를 열어 제 강의도 합니다. 그리고 11년째 계속 아침저녁으로 30분에서 한 시간 정도는 꾸준히 명상을 하고 있는데, 이를 통해 인간에게 잠재된 무한 능력이 발휘되는 체험도 했습니다.

그동안 정말 많은 사람을 만났습니다. 기업체의 임직원, 공공기관의 공무원, 취업을 준비하는 대학생, 입시를 앞둔 중·고등학생 등 다양한 분야의 사람들이었습니다. 이들 가운데 특히 직장인이 하소연하는 문제는 거의 대부분 '일이 즐겁지 않다', '직장 상사가 힘들게 한다' 그리고 '자녀의 진로나 공부로 인해 자녀 또는 아내와 갈등이 있다'는 것입니다.

그들은 회사에서 어느 정도 자리를 잡았다고 생각했는데, 스트레스는 여전하다고 했습니다. 직장에서 경력과 연륜이 쌓이는 자신을 바라보며 뿌듯한 생각이 들다가도, '이렇게 살려고 했던 건 아니었는데' 하는 회의가 밀려와 밤잠을 설치는 적도 많다고 했습니다. 어느새 자신감은 사라지고 후배들에게 치이고 상사의 눈치를 살피기에 급급한 자신을 발견한다고 했습니다. 회사를 그만두고 싶다가도 아무런 대안도 없고 낙오자가 되는 것 같아 억울해서 다시 힘을 내보지만, 그럴수록 더욱 지쳐가는 자기 자신을 발견할 뿐이라고 합니다. 항상 응원해줄 것만 같았던 가족조차 지친 나를 못마땅한 시선으로 바라볼 때는 절망감이 든다는 사람도 있었습니다. 그런데 다들 이렇게 고민만 할 뿐, 어떻게 해결해야 할지 그 방법은 잘 모르고 있었습니다.

이 책은 어떤 이론을 담고 있는 것이 아닙니다. 직장인이라면 그리고 가장이라면 누구나 절실하게 고민했을 현실적인 문제에 대한 생생한 체험과 구체적인 해결 방법을 다루었습니다. 이 책에서 제시한 방법을 1년 반 정도 꾸준히 실천한다면 누구나 마음속 깊이 자리한 무의식이 긍정적인 방향으로 바뀔 수 있다고 저는 확신합니다. 누구나 마음먹은 대로 현실을 그려낼 수 있습니다. 현실은 마음이 만들어낸 그림자이기 때문입니다. 주먹을 쥐면 주먹의 그림자가 나타나고 가위를 내면 가위의 그림자가 나타나듯, 마찬가지로 행복한 마음이 행복한 현실을 그려내게 됩니다. 성공해서 행복한 것이 아니라, 행복할 때 성공은 저절로 나타납니다. 이 책을 읽는 여러분도 일시적으로 느끼는 행복이 아니라, '오히려 행복은 내가 누릴 당연한 권리다!'라는 신념의 주인공이 되길 희망합니다. 동시에 그렇게 될 것을 확신합니다!

1장

오늘 행복해야
내일도 행복하다

나 는 정 말 행 복 한 가 ?

나는 얼마나
멋진 사람인가?

어떤 상황이 변화하기를 바란다면
우리는 우리가 변화시킬 수 있는 단 한 가지,
바로 자기 자신에게 초점을 맞추어야 한다.
― 스티븐 코비

'매주 수요일은 가족 사랑의 날'이라는 제목의 공익광고가 있습니다.

"사원 김아영은 상냥하지만……"

동료들에게 매우 친절한 사원 김아영. 그녀는 미소 띤 표정으로 비싼 커피를 사서 동료들에게 자발적으로 한턱냅니다. 그러나 집에 돌아온 딸 김아영은 손가락 하나 까딱하지 않습니다. 엄마가 차려 준 밥상 앞에 앉아서 엄마는 쳐다보지도 않고 잡지를 보면서 밥을 먹습니다. 그러고는 엄마가 오늘 하루 회사 생활이 어땠는지 물어보기라도 하면 매몰차게 손사래를 치면서 귀찮다는 표정으로 "아! 몰라도 돼!" 하고 퉁명스럽게 대꾸합니다.

직장에서는 동료들에게 잘하지만, 집에서는 이기적이고 무덤덤한 딸.

"꽃집 주인 이효진은 친절하지만……"

꽃집 주인 이효진은 손님인 젊은 엄마와 어린 딸에게 친절한 미소를 지으며 인사하고 무릎을 구부려 아이를 쓰다듬어줍니다. 그러나 엄마 이효진은 청소를 하다가 TV를 보는 고등학생 아들의 발을 청소기로 밀쳐내며 "발 좀 치워" 하고 짜증을 냅니다.

손님의 딸에게는 친절을 베푸는 꽃집 주인이지만, 집에 돌아와서는 아들에게 함부로 대하는 엄마.

"친구 김범주는 쾌활하지만……"

학교 친구들과 하이파이브도 하고 즐겁게 웃으면서 대화를 나누는 김범주. 그러나 집에서는 거실 소파에 앉아 TV를 켜놓은 채 스마트폰에 빠져 있습니다. 아버지가 사과 한쪽을 포크에 찍어서 건네며 하나 먹어보라고 하지만, 거들떠보지도 않은 채 귀찮다는 손짓을 합니다.

밖에서는 친구들과 웃으며 잘 어울리는 활발한 학생이지만, 집에 돌아오면 완전히 퉁명스러워지는 아들.

"부장 김기주는 자상하지만……"

부하 직원이 무거운 책과 서류를 잔뜩 들고 걸어가자 부장 김기주가 그 서류더미를 덥석 들어서 옮겨주는 친절을 베풉니다. 그러나 아내와 함께 장을 보고 집으로 돌아오는 길, 남편 김기주는 겨우 가벼운 봉지 하나 달랑 들고서 보따리를 네 개씩이나 들고 힘겹게 걸어오는 아내를 향해 "빨리 와!"하고 재촉을 합니다.

회사에서는 부하 직원들에게 친절을 베푸는 부장이지만, 집에서는 가부장적으로 아내를 대하는 불친절한 남편.

이렇게 네 장면이 지나고 마지막으로 "당신은 안과 밖이 다른 사람인가요?"라는 말이 나오면서 광고는 끝납니다.

'밖에서 보여주는 당신의 좋은 모습을 집에서도 보여주세요'라는 내용의 공익광고입니다. 이 광고를 보고 나면 많은 여운이 남습니다. 직장인으로서, 꽃집 주인으로서, 학교 친구로서, 직장 상사로서는 친절하고 자상하고 배려가 넘쳐나지만, 딸로서, 엄마로서, 아들로서, 남편으로서는 무뚝뚝하고 불친절하고 이기적이고 가부장적인 모습을 보이는 우리의 자화상을 실감 나게 묘사했기 때문입니다.

무엇 때문에 이렇게 같은 사람이 완전히 다른 행동을 하게 되는 걸까요? S전자에서 강의할 때였습니다.

"여러분! 예비군복을 입으면 뭐가 되나요?"

이 질문을 던지면 갑자기 곳곳에서 웃음이 터집니다. 그러다가 한 사람이 "예비군복을 입으면 개가 됩니다!"라고 대답하는 순간 강의

실은 웃음바다가 됩니다. 지금은 아니지만 과거에 예비군 훈련을 받아본 대한민국 남성이라면 누구나 수긍하는 대답이기 때문입니다. 예비군복을 입으면 그렇게 단정하던 사람도 갑자기 모자를 삐뚜름하게 쓰고, 총을 거꾸로 메고, 아무 곳에나 주저앉고, 으슥한 곳이면 아무데서나 소변을 보고, 교육장에서는 아예 엎드려서 잠을 자거나 신문을 읽거나 제 마음대로 행동하게 됩니다.

이렇듯 제멋대로 행동하던 사람이 예비군복 대신 양복을 입고 회사에 출근하면 어떻게 변할까요? 일단 출근하려고 넥타이를 매는 순간부터 다릅니다. 넥타이가 삐뚤어지지 않게 정성껏 매지요. 그리고 와이셔츠와 넥타이가 조화를 이루는지 살피기도 합니다. 회사에는 정시에 출근을 하고, 하기 싫은 일도 내색 않고 정성을 다하려고 노력합니다. 상사의 지시에는 공손한 낯빛으로 웃음을 띠며 잘해보겠다고 대답합니다. 분명 예비군복을 입었던 사람과 동일인인데 완전히 정반대의 행동을 합니다.

이것이 전부가 아닙니다. 회사에서는 그렇게 적극적이고 긍정적이었던 사람이 집에 돌아오면 어떻게 되나요? 보통은 또 다른 사람이 됩니다. 가장이 되는 순간 태도가 완전히 바뀌지요. 곧바로 리모컨을 가슴팍에 올려놓고 가장 편안한 자세로 TV를 보기 시작합니다. 회사에서 그렇게 상대방을 배려하던 모습은 어느새 사라지고 없습니다. 아내가 청소기를 돌려도 방바닥에서 등을 떼지도 않은 채 그저 이리저리 굴러다니며 TV만 뚫어지게 쳐다봅니다. 밥을 먹을 때도 아내의 이야기에는 들은 척도 하지 않고 TV 화면만 응시합니다. 결국 잠이 들 때에야 비로소 손에서 리모컨을 놓습니다.

무엇이 이 사람을 예비군 훈련을 받을 때는 개가 되게 만들고, 회사에서는 상사의 지시에 따르는 순종적이고 얌전한 직장인으로, 집에서는 비에 젖은 나뭇잎처럼 등을 바닥에 딱 붙인 채 움직이기조차 싫어하는 남편으로 만들까요? 상황 때문이라고요? 하지만 예비군 훈련장에서도 조용히 책을 보는 사람이 있습니다. 직장에서도 요령 피우는 사람이 있습니다. 그리고 오히려 집에서 더욱 자기 역할에 충실한 가장도 있습니다.

그것은 '무의식적으로 자기 자신을 규정한 것'이 자기도 모르게 행동으로 나타나기 때문입니다. '예비군은 멋대로 하는 존재다. 회사원은 일하는 기계다. 가장은 제왕이다'라고 자기도 모르게 자기를 규정했던 것이 상황에 따라 겉으로 드러나는 것입니다. 잠재의식에 새겨진 습관화된 마음의 프로그램이 무의식적으로 작동하는 것이지요.

3년 전, L그룹 혁신학교에서 강의할 때였습니다. 교육 담당자가 다가오더니 저에게 자신의 휴대전화를 보여주었습니다. 휴대전화가 고장 나서 딸아이의 것을 빌려왔노라고 말하면서요. 그런데 그 휴대전화 바탕화면에는 다음과 같은 글이 적혀 있었습니다.

학생이라는 죄로

학교라는 교도소에서

교실이라는 감옥에 갇혀

출석부라는 죄수 명단에 올라

교복이라는 죄수복을 입고

공부란 벌을 받으며

졸업이란 석방을 기다린다

　딸은 왜 이런 글을 휴대전화에 써놓았을까요? 그 이유가 궁금했습니다. 그래서 딸이 어떻게 학교 생활을 하는지 아느냐고 물었습니다. 그랬더니 "학교 때문이 아니라 엄마가 아이를 너무 몰아세운다"라고 대답했습니다. 매일 공부하라고 다그치는 엄마 때문에 툭하면 둘 사이에 다툼이 벌어진다는 것이지요. 결국 어릴 때부터 엄마에게 떠밀려서 자율보다는 강요에 길들여진 딸의 반항심이 자신도 모르게 집과 학교를 감옥처럼 인식하게 만든 것입니다. 그래서 교육이 끝난 후 저녁식사 시간에 그 교육 담당자에게 제 강의를 들었던 한 중소기업 사장의 이야기를 해주었습니다.

　부산에서 사업을 하는 A사장에게는 어린이집에 다니는 아들이 둘 있습니다. 퇴근해서 집에 돌아오면 부인은 늘 아이들이 친구들과 싸웠다고 하소연했답니다. 아이들은 멍들고 물린 상처 때문에 아파서 얼굴을 찡그린 채 퇴근하는 아빠를 맞는 일이 잦았습니다. A사장은 나름대로 아이들에게 애칭을 붙여 '똥개 원', '똥개 투'라고 부르고 있었는데요, 물론 사랑스러운 아이들에게 붙인 애칭이니 나쁜 의미는 아니었습니다. 그러다가 제 강의를 듣고는 문득 깨달은 게 있었다고 합니다. "아! 그렇구나! 내가 자꾸 똥개라고 부르니까 아이들이 진짜 똥개처럼 행동했구나! 그래서 친구들과 툭하면 싸우고, 집에서도 매일 다투었구나!" 하고 자각하게 된 것입니다.

교육을 마치고 집으로 돌아간 A사장은 그날부터 큰아들은 '기쁨'으로, 작은아들은 '행복'으로 바꾸어서 부르기 시작했답니다. 매일 '똥개 원', '똥개 투'라고 부르나가 갑자기 "기쁨아", "행복아" 하고 불렀더니 처음에는 아이들이 멀뚱하게 쳐다보며 "우리 아빠가 이상해졌어!" 하며 어색해하더랍니다.

그래도 매일 볼 때마다 "기쁨아", "행복아" 하고 불렀더니 서서히 아이들의 표정이 부드러워지는 게 느껴지더랍니다. 그렇게 1주일인가, 2주일이 지난 어느 날, 아이들이 밖에서 놀고 들어왔는데 옷이 깨끗했습니다. 어깨나 팔 등에 물린 자국이나 멍도 없었고요. 변화는 그뿐만이 아니었답니다. 집에서도 형제 사이에 다툼이 거의 없어졌다는 것이지요. A사장은 아내에게도 늘 '똥개 엄마'라고 불렀는데, 이젠 아내를 '사랑'으로 바꾸어 부르게 되었다고 합니다. 매일 "사랑아" 하고 부르다 보니 아내의 얼굴도 생기 있어지고, 집안 분위기도 좋아졌다고 합니다.

이 이야기를 들은 L그룹의 교육 담당자는 당장 딸의 별명을 '기쁨'으로 바꾸겠다고 했습니다. 김춘수 시인의 〈꽃〉이라는 시가 의미하는 것처럼 말이지요.

 내가 그의 이름을 불러주기 전에는
 그는 다만
 하나의 몸짓에 지나지 않았다
 내가 그의 이름을 불러주었을 때
 그는 나에게로 와서
 꽃이 되었다

   아이가 자신을 죄인으로 규정한다면, 그 아이의 가정은 보호관찰
소가 되고, 엄마와 아빠는 보호관찰자가 되는 서글픈 일이 벌어집
니다. 그러나 자녀를 '기쁨', '행복'으로 부를 때 그들은 엄마 아빠에
게 기쁨과 행복을 선물해주는 즐거운 꽃이 되지 않을까요. '똥개'라
고 불렀을 때 아이는 다른 아이들을 괴롭히는 것에 익숙해져서 자기
가 기쁨을 주는 존재라는 것을 생각해본 적이 없었을 것입니다. 그러
나 한두 번에 그치지 않고 꾸준히 아빠가 "기쁨아!" 하고 불러준 덕
분에 아이는 자기도 모르게 자기 내면의 기쁨을 클릭하게 된 것이지
요. 더욱이 "기쁨아!" 하고 부르는 아빠 역시 자기 내면에서 '기쁨'에
해당하는 느낌을 불러일으키기에 자신 또한 행복해집니다. 기쁨이라
고 부르는 사람도 불리는 사람도 잠재의식 속의 기쁨에 해당하는 정
서가 밖으로 표출되는 것입니다.

아이들의 별명을 '기쁨'과 '행복'으로 바꿔 부르게 된 A사장은 그 후 집과 직장에서 즐겁고 행복한 일들이 자주 생기는 경험을 하게 되었습니다. 그래서 이번엔 자기 자신의 별명을 '감사'라고 지었다고 합니다.

제 아버지는 제가 고등학교 2학년 때 돌아가셨습니다. 갑자기 뇌출혈로 쓰러지셔서 3일 만에 세상을 떠나셨지요. 그 충격으로 성적은 급격하게 떨어졌고, '왜 나에게 이런 일이 일어났을까?' 하며 방황도 했습니다. 그때 학교 선생님이 해주신 말이 저를 다시 일으켜 세워주었습니다.

1981년에는 교복을 입었는데 저는 수업 시간에 호크(교복 상의의 칼라를 걸어 잠그게 만드는 장식물)를 풀고 있었습니다. 그러고는 교과서 뒤에 소설책을 겹쳐놓고 읽고 있었지요. 그런데 선생님께서 "야! 강태수, 호크 잠가" 하고 야단을 치시면서 저를 불렀고, 호크를 잠그려고 책을 내려놓던 저는 그만 소설책을 들키고 말았습니다. 그런데 선생님은 혼을 내는 대신 그 소설책의 전체 내용을 재미있게 10분간 학생들 앞에서 설명하라는 것이 아닙니까. 저는 엉겁결에 10분 동안 소설 얘기를 주저리주저리 떠든 후 멋쩍어하면서 자리로 돌아왔습니다. 그런데 선생님께서 "야! 강태수, 너 인마, 얼굴 정말 멋있게 잘생겼어. 그리고 목소리도 좋고, 말을 아주 재미있게 그리고 논리적으로 잘하는구나. 정말 베리 베리 굿이다. 내 생각에 너는 신문방송학과를 가서 TV 앵커를 하면 정말 잘할 것 같다!"라고 하시는 것이었습니다.

그 후에 제 인생은 180도 달라졌습니다. 다시 정신차리고 공부했고 그 선생님이 졸업한 고려대학교에, 그리고 선생님이 말씀하신 대로 신문방송학과에 들어가게 되었습니다.

지금의 일, 즉 다양한 기업에서 많은 사람을 대상으로 즐겁게 강의를 하게 된 것도 그때 선생님의 말씀이 전환점으로 작용했기 때문이라고 생각합니다. 앞날에 대한 희망이나 꿈도 없이 힘들어할 때 '탁월한 뉴스 앵커'가 될 수 있다고 격려해주신 말씀이 제게는 무척이나 큰 힘이 되었습니다. "너는 훌륭한 앵커감이야!"라는 멋진 자기 규정 덕분에 자신감을 찾게 된 것이지요.

지금 이 글을 읽는 당신은 자기 자신을 어떻게 규정하시나요? 저는 강의할 때 사람들에게 자기 자신을, 가정을, 직장을 어떻게 규정하는지 물어봅니다. 그럴 때마다 많은 이들이 스스로 자신을 힘들게 사는 존재로 규정한다는 사실에 놀랍니다.

예를 들어 어떤 분은 '나는 돈을 번다. 가정은 돈을 쓴다. 직장은 돈을 준다'라고 자기 자신과 가정, 직장을 규정했습니다. 자기 자신을 돈 버는 기계로 규정한 것이지요. 또 다른 분은 '나는 지게다. 가정은 짐이다. 직장은 산이다'라고 규정했습니다. 이분은 가정이라는 짐을 지게에 지고 직장이라는 산을 올라가는 것이지요. 돈 버는 기계, 지게꾼으로 자기 자신을 규정한다면, 인생이 얼마나 힘들고 괴롭게 느껴질까요? 우스갯소리가 아닙니다. 삶은 반드시 자신이 규정하는 대로 펼쳐지게 되니까요.

저는 이렇게 규정합니다. '나는 즐거움이다. 가정은 천국이다. 직장은 놀이터다.' 저 자신을 즐거움으로 규정하면 내면에 있던 즐거움이 밖으로 표출됩니다. 가장이 즐거우면 가정에는 저절로 즐거움이 넘치게 됩니다. 저는 아이들과 아내를 볼 때마다 늘 "사랑한다", "고맙다"라고 말합니다. 이렇게 진심으로 아이들과 아내에게 사랑과 고마움을 전하니 집이 천국으로 느껴집니다. 더 나아가 직장은 제가 좋아하는 일을 즐겁게 할 수 있는 놀이터입니다. 즐겁게 놀수록 당연히 성과가 높아집니다.

NLP 프로그램 Neuro-Linguistic Programming●의 대가인 로버트 딜츠가 이야기하는 것도 마찬가지입니다. 자기 정체성이 변하면 그동안 갖고 있던 가치와 신념이 변하고, 그런 변화가 있어야 역량이 업그레이드된다고 합니다. 역량이 향상되면 행동은 저절로 긍정적이고 적극적으로 바뀌게 되고, 행동이 바뀌면 전과 달리 적극적으로 환경을 개선하려 변한다고 합니다. 저는 이 견해에 전적으로 동의합니다.

외부 조건을 바꾸는 것만으로는 분명한 한계가 있습니다. 반대로 자기를 바꾸어서 환경을 포함한 자신의 행동과 역량이 저절로 업그레이드되도록 해야 합니다. 탁월한 자기 규정을 반복함으로써 그에

● 신경-언어 프로그래밍. NLP는 1970년대 초 리처드 밴들러와 존 그라인더가 시도한 새로운 심리적 접근법이었는데, 그 후 로버트 딜츠가 그레고리 베이트슨의 인간 커뮤니케이션 이론을 바탕으로 삼아 개발한 신경학적 이론으로 자리 잡았다. NLP는 마음과 행동의 원리를 설명하고, 어떻게 해야 효과적으로 마음과 행동을 변화시킬 것인지를 다룬다.

걸맞은 말과 행동으로 자신과 주변을 즐겁게 할 수 있습니다. 인간에 겐 무의식적으로 스스로에게 씌운 굴레에서 벗어날 수 있는 능력이 있습니다. 기존의 경험과 지식을 뛰어넘는 새로운 자기 규정은 한 차 원 더 높은 탁월한 삶을 경험하게 합니다.

✳ Self Question, Self Thinking ✳

❶ 가족 모두의 자존감을 높일 수 있도록 아내(남편)와 아이들에게 어떤 새로 운 이름을 지어줄까?

----

❷ '내 가정은 천국, 직장은 즐거운 놀이터'라고 새롭게 규정한다면 나는 어 떤 행동 지침을 만들 수 있을까?

타인을 향한 화살은
그대로 내게 와서 꽂힌다

스스로의 발전을 도모하지 않고
다른 사람의 행동을 질투하기만 하는 어리석은 경쟁자는
상대에 대한 찬사가 들릴 때마다 매번 죽음을 겪는다.

— 발타지르 그라시안

강의를 하거나 코칭을 할 때 가끔 이런 질문을 합니다.

"직장 동료들끼리 술자리에 모이면 주로 무엇을 안주로 삼아 이야기합니까?"

열에 아홉은 비슷한 답이 돌아옵니다.

"직장 상사를 안주로 삼지요!"

"좋은 얘기입니까, 아니면 험담입니까?"

그러면 대부분은 대답을 피하거나 웃음으로 얼버무리곤 합니다.

이런 행동 뒤에 감춰진 무언의 대답은 아마 '직장 상사에 대한 험담'

으로 다 똑같을 겁니다. 다시 묻습니다.

"험담을 하고 나면 후련하십니까?"

대답이 또 비슷합니다.

"후련하기도 하고, 찝찝하기도 합니다!"

후련하다는 것은 평소 상사에게 품어왔던 불만을 털어놓음으로써 일시적으로 느끼는 시원함, 그리고 나만 힘든 줄 알았는데 다른 동료들 또한 그렇다는 동질감 때문이겠지요. 그러나 찝찝하다는 것은 험담이 가져오는 불쾌한 기분 때문일 겁니다.

또 묻습니다.

"그렇게 상사를 험담하기 시작한 것이 언제부터인가요?"

"입사할 때부터입니다."

"그렇다면 앞으로도 계속 험담을 하겠네요?"

"……."

갑자기 조용해집니다.

직장에 혹시 미워하는 사람이 있습니까? 그렇다면 그 사람이 왜 밉습니까? 이 문제를 해결하려면 우선 미운 상대에 대한 자기 자신의 생각부터 들여다봐야 합니다. 왜 그 사람이 나를 힘들게 하는지 진지하게 고민해본 적 있습니까? 어쩌면 평소에 나도 모르게 그 사람에 대해 험담하거나 마음속으로 부정적인 감정을 품고 있었기 때문에 '힘들게 하는 사람'이라는 존재가 있는 것이 아닐까요? 이 사실을 자각할 필요가 있습니다. 내가 평소에 그 사람에게 품었던 부정적인 느낌과 퍼부었던 비난이 그렇게 만든 것임을 인식해야 합니다.

상대방에 대한 비난은 나도 모르게 형성된 내 마음속의 옹졸함이나 발끈함 또는 승부욕과 같은 유달리 부정적인 마음이 만들어낸 결과입니다. 나만 그 사람을 미워하지, 다른 사람은 그렇지 않다면 특히 그렇습니다. 습관적인 험담은 다시 나에게로 돌아와 나를 불편하게 만듭니다. 그리고 악순환합니다. 내 마음이 만들어낸 결과로 인해 내가 불편해한다는 것을 깨달을 수만 있다면, 그 부정적인 악순환의 고리를 끊을 수 있습니다.

시골 마을에 엿장수가 나타납니다. 마을 어귀에서부터 가위 소리를 찰캉찰캉 울리며 "고물 삽니다! 빈 병이나 못 쓰는 냄비 가져오세요!" 하고 외칩니다. 그 순간 온몸을 늘어뜨리고 축 처진 채 잠자듯 누워 있던 동네 개들이 일제히 일어나 짖어댑니다.

"멍! 멍! 멍! 멍!"

윗집, 아랫집 할 것 없이 심드렁하게 누워 있던 견공들이 신이 나서 짖어댑니다. 개 짖는 소리가 신호인 양 꼬마들 두세 명이 신나게 엿장수를 향해 달려 나갑니다.

해가 뉘엿뉘엿 질 무렵, 같은 마을에 이번에는 개장수가 나타납니다. 확성기로 "후, 후" 하고 두세 번 마이크 점검을 한 후에 "개 삽니다, 개 사요. 개 파실 분은 지금 나오세요!" 하고 외칩니다. 파란색 트럭에는 개를 가둘 철망이 실려 있습니다.

그런데 엿장수가 나타났을 때 그렇게 큰 소리로 짖던 동네 개들이 이번엔 쥐 죽은 듯 조용합니다. 앞마당에 널브러져 있던 누렁이도 앞니를 드러내면서 얼굴을 찡그립니다. 꼬리를 감추며 제집으로 들어가선 코빼기도 보이지 않습니다. 엿장수에게 드러내던 자신감은 온데간데없고 두려움만 가득하지요.

물론 동네 개들이 인간의 말을 알아듣는 건 아닐 겁니다. 그런데도 개들은 엿장수와 개장수를 명확히 구분합니다. 그래서 엿장수가 오면 온 동네가 떠나가라 짖어대고, 개장수가 오면 적개심을 속으로 숨긴 채 개장수가 지나가길 조용히 기다립니다. 엿장수와 개장수에게서 느껴지는 분위기, 곧 안심의 느낌과 경계 상황을 본능적으로 감지하는 것이지요.

인간도 마찬가지입니다. 내가 평소 상대방에 대해 품고 있는 느낌이 나의 대인관계를 결정합니다. 내가 엿장수처럼 평화로운 느낌을 발산한다면 내 주변에는 안심하고 다가오는 많은 선배와 후배, 동료들이 넘칩니다. 반면에 개장수처럼 두려운 느낌을 발산한다면 아무도 다가오지 않게 됩니다. 눈에 보이지는 않지만 내가 무의식중에 상대에게 보내는 감정에 따라 그에 상응하는 반응이 다시 나에게 돌아오는 것입니다.

유명 일간지의 경제부장으로 있다가 최근 종합편성채널의 광고본부장으로 자리를 옮긴 친구가 있습니다. 그런데 이 친구에게 고민이 생겼습니다. 새로운 부하 직원들이 마음을 열고 다가오지 않는다는 것이었죠. 그때 제가 친구에게 얘기한 것이 바로 '엿장수 리더십'

이었습니다. 친구는 "수많은 리더십 이론보다 네 얘기가 가장 마음에 와 닿는다!"라고 하더군요.

눈에 보이지는 않지만, 내가 상대에 대해 갖고 있는 느낌은 어떤 식으로든 드러나게 되어 있습니다. 친구의 경우 취재하는 기자로서 사건의 부정적인 부분에 초점을 맞추던 것이 습관이 되다 보니, 그것이 새로운 부하 직원들에게도 반복되고 있었던 것입니다. 친구의 마음속에서 부하 직원에 대한 느낌이 좋은 쪽으로 바뀔 때 진정으로 긍정의 리더십이 발휘될 수 있습니다.

이처럼 상대와 나는 하나로 연결되어 있습니다. 겉으로는 떨어져 있는 것처럼 보여도 사실은 서로가 뿜어내는 감정으로 연결되어 있습니다. '왠지 저 사람과는 같이 있고 싶어!'라거나 '이 사람과는 절대 같이 있고 싶지 않아!'라는 마음이 드는 것은 왜일까요? 바로 내가 지금 그 사람에게 보내는 비난의 감정 또는 긍정적인 감정이 만들어낸 것입니다.

저는 곧잘 강의 중에 묻습니다.

"로마의 황제였던 카이사르는 어떻게 죽었습니까?"

대부분이 답을 잘 알고 있습니다.

"부하들의 배신으로 칼에 찔려서 죽었습니다."

가장 믿었던 브루투스마저 배신의 대열에 합류하여 카이사르에게 칼을 꽂았습니다. 그 유명한 "브루투스, 너마저!"라는 말은 여기서 나온 것이지요. 저는 다시 묻습니다.

"공자는 어떻게 생을 마감했나요?"

이번에는 답을 아는 사람이 거의 없습니다.

"잘 모르겠는데요."

"공자는 74세로 천수를 누리다 갔습니다."

수많은 권력자들의 배신과 암투와 권모술수로 가득한 춘추전국시대에 공자는 천수를 누렸습니다.

이번에는 "카이사르와 공자 가운데 누가 더 힘이 셉니까?" 하고 물어봅니다.

대인관계에서 상대를 이길 수 있는 가장 큰 힘은 위협이 아니라, 오히려 상대를 내 편으로 만드는 것에서 나옵니다. 상대를 깎아내려서 내가 더 우위에 서려는 의도는 당장 이기적인 내 얕은 마음을 충족시키는 것에 불과합니다. 그러나 내가 상대를 높이면 상대는 오히려 나에게 마음을 열고 다가옵니다. 대인관계에서 내가 보내는 시기와 질투는 나를 스트레스 상태로 몰고 가고, 반대로 관대함과 친절함은 상대로 하여금 나를 인정하고 좋아하게 만들고 따르려는 마음이 생기게 합니다.

미워하는 상사 또는 동료에 대한 험담을 멈추는 것이야말로 내가 행복해지는 첫걸음입니다. 더 나아가 상대에 대한 긍정적 감정의 회복이야말로 나와 일터를 행복하게 만드는 좋은 방법입니다.

대인관계는 모두 내가 만들어내고 내가 누리는 것입니다. 내가 상대와 경쟁하고 우월감을 과시하는 것이 아니라, 친절을 베풀고 상대의 존중을 받는 것이야말로 지혜롭게 대인관계를 맺는 것입니다. 다음은 《생각의 힘》이라는 계간지에 실린 글입니다.

노자의 《도덕경》에 '상선약수上善若水'라는 말이 나옵니다. '가장 훌륭한 것은 물과 같다.' 즉 인생을 살아가는 데 최상의 방법은 물처럼 살라는 뜻이지요. 왜 노자는 물처럼 살라고 했을까요? 그 이유는 물은 만물에 이로움을 주면서 이들과 다투지 않는다는 것입니다水善利萬物而不爭. 물은 일반인들이 싫어하는 낮은 곳에 있고處衆人之所惡, 그런 까닭에 물의 성질은 도에 가깝기 때문이라고故幾於道 합니다. 물의 속성을 간파한 시원한 지혜가 느껴지지 않으세요? 물은 만물을 이롭게 합니다. 자신의 생명을 아낌없이 나눕니다. 메마른 논밭에도, 뙤약볕 아래 가로수에게도, 목마른 인간에게도 없어서는 안 될 존재입니다. 하지만 이들과 다투지 않습니다. 이들에게 도움을 줬다는 생각이 없기 때문이지요. 이해타산을 따질 겨를도 없습니다. 만나자마자 자신의 생명으로 이들과 이미 하나가 되어 있으니까요. 물은 가장 낮은 곳으로 흐릅니다. 모든 존재를 우러러볼 수 있는 가장 낮은 곳에 도달할 때까지 흐름을 멈추지 않습니다. 그래서 마침내 가장 낮은 곳에 도착합니다. 그런데 참 신기해요. 바다가 낮은 곳에 있다고 해서 바다를 깔보는 모습을 볼 수 없기 때문이지요. 오히려 사방에서 흘러 들어오는 물을 한 식구로 받아들이는 바다의 넓은 마음과 위용을 다들 경외하고 있다는 것입니다.

물과 같이 직장 생활을 하면서 다른 이들에게 이로움을 주되, 비난하지 않으면서 다른 이들을 존중할 때 내 마음에는 누구라도 받아들일 수 있는 포용과 관용이 자리 잡습니다. 흐르는 물처럼 낮아져서 상대방을 존중할 때 주변 사람들은 나로 인해 평화를 누리고 행복감을 맛보게 됩니다. 진정한 대인관계의 지혜는 다른 이들이 내가 가진 넓은 평화의 바다에서 한없이 자유로움을 느낄 수 있도록 해주는 것이 아닐까요?

---

* Self Question, Self Thinking *

❶ 상대를 비난하면 그 결과는 나에게 어떻게 돌아올까?

----

❷ 어떻게 해야 상대가 나에게 호감을 가지고 다가올까?

현실을 바꾸려 하지 말고
내 마음을 바꿔라

가장 명백한 지혜의 증표는 항상 유쾌하게 지내는 것이다.

– 몽테뉴

우리나라는 10여 년째 OECD 국가 중 자살률 1위를 차지하고 있습니다. 유명 연예인들의 자살 소식이 종종 언론 매체에 등장하고, 정치인과 대기업의 CEO 그리고 이른바 명문대 학생이나 심지어 고등학생에 이르기까지 자살 소식이 잊을 만하면 다시 이어집니다. 어느 해에는 무려 1만 5665명이 스스로 목숨을 끊은 적도 있습니다(《중앙일보》 2011. 11. 30.). 자살이 나와 동떨어진 문제가 아니라 내 주변에서 소리 없이 진행되고 있음을 실감 나게 해주는 수치입니다. 불면증과 우울증에 시달리는 사람 또한 급증했습니다. 내면의 불안은 현대인에게 하나의 경향으로 자리 잡았습니다. 이런 현실 속에서 행복하려면 우리는 어떻게 해야 할까요? 무엇이 바뀌어야 할까요?

시골에 가면 오랫동안 버려진 채 인적이 끊어진 폐가를 가끔 보게 됩니다. 지붕은 내려앉고 벽은 허물어지고 마당에는 잡초가 무성합니다. 그 오래된 집 뜰에 역시 버려진 펌프가 녹슨 채 우두커니 서 있습니다. 그 녹슨 펌프에 물을 서너 바가지 붓고 펌프질을 해봅니다. 처음에는 물이 잘 나오지 않습니다. 거듭 물을 붓고 펌프질을 반복하면 마침내 물이 조금씩 올라옵니다. 처음에는 썩은 낙엽이나 파리, 모기 등의 부유물이 뻘겋게 녹슨 물과 함께 쏟아집니다. 그러나 계속해서 펌프질을 하면 빨간 녹물이 차츰 옅어집니다. 그러다가 어느 순간 마셔도 좋을 정도로 맑은 물이 솟아납니다.

우리 마음도 과도한 업무와 복잡한 인간관계 등으로 지치고 아플 때가 많습니다. 그런데 더 급한 일을 핑계로 그 문제를 방치하는 일이 많습니다. 마치 버려진 폐가 앞마당에 방치된 오래된 펌프처럼 말이지요. 마음의 치유는 뒷전에 두고 오히려 눈에 보이는 육체의 건강에만 정성을 쏟기도 합니다.

버려진 펌프의 녹물을 뽑아내야 맑은 물을 마실 수 있습니다. 펌프의 겉을 아무리 빛나게 닦아봐야 빨간 녹물은 없어지지 않습니다. 내면에 잠재된 민감하고 불안한 마음을 즐겁고 느긋하고 평화롭게 바꾸지 않으면 육체적 건강도 지속될 수 없습니다.

저도 스트레스를 받으면 민감하게 반응하는 편이었습니다. 좀처럼 쉽게 잠들지 못했습니다. TV를 자동으로 꺼지게 해두고 잠자리에 누워 아무 생각 없이 TV를 보다가 겨우 잠들곤 했습니다. 하지만 '좋은 생각, 즐거운 생각 습관화하기'를 실천하기 시작한 후부터 달라졌습니다. 스트레스를 받아도 그다지 크게 느껴지지 않고 가볍게 뛰어넘을 수 있게 된 것이지요. 부정적인 상황에도 긍정적인 마음으로 유연하게 대응할 수 있도록 훈련한 덕분이었습니다.

'좋은 생각, 즐거운 생각 습관화하기'란 무엇일까요? 그것은 바로 '나에게 일어나는 좋지 않은 일은 전부 나를 발전시키기 위한 좋은 것'이라는 신념을 마음속에 새기는 것입니다. 부정적인 상황에 부정적으로 반응하던 습관을 긍정적으로 바꿀 수 있도록 평소에 습관을 들이기 시작한 것이지요.

2003년으로 기억합니다. 우리 회사의 마스터코치이신 신병천 고문께 여섯 달 정도 코칭을 받으면서 '좋은 생각, 즐거운 생각 습관화하기' 실습을 했습니다. 다음은 그때 경험한 일입니다.

출근길에 전철로 갈아타려고 버스 정류장에 내려서 길을 걸어가던 중이었습니다. 한쪽 어깨에는 출장용 가방을 메고 다른 쪽 어깨에는 노트북을 멘 채 손에는 휴대전화를 들고 있었습니다. 길을 건너려다가 휠체어가 다닐 수 있도록 길의 턱이 낮아지는 곳으로 발을 내딛는 순간 미끄러지면서 꽈당 하고 넘어졌습니다.

당황해서 벌떡 일어났지만, 순간적으로 떨어뜨린 가방들을 챙기다 보니 오른쪽 집게손가락이 1센티미터 정도 찢어져서 피가 나고 있었

습니다. 창피함이 앞섰기 때문인지 거의 아프지도 않았습니다. 피가
줄줄 흐르는 손가락을 보고도 "괜찮아! 밴드 사서 붙이면 되지 뭐!"
하고 중얼거리면서 근처 약국으로 갔습니다. 약사가 얼굴을 찌푸리
면서 "많이 다치셨네요! 아프시죠?" 하면서 상처를 보는데, 저는 "별
거 아닙니다. 밴드 하나 주세요!" 하고 담담하게 말했습니다. 그 순간
'어? 내가 좀 달라진 거 아닌가?' 하는 생각이 들었습니다.

　예전 같으면 '아이고! 덤벙대다 또 다쳤네! 난 도대체 왜 이러지?
정말 맘에 안 들어. 크게 다쳤다고 회사에 얘기하고 그냥 집으로 갈
까? 어차피 오늘은 재수 없는 날인 것 같은데, 화도 나고!'라고 생각
했을 겁니다. 하지만 그날은 손가락의 상처를 보고도 '별거 아니야,
괜찮아!' 하면서 태연하게 반응하는 나를 발견한 것입니다. 그 순간
제가 달라졌음을 느꼈고, 제 변화가 참 기뻤습니다. 툭하면 별것 아닌
것에 민감하게 반응하고 힘들어하던 습관이 어느새 사라졌음을 알았
기 때문입니다.

　어떻게 이렇게 달라질 수 있었을까요? 무엇이 저를 이렇게 바꿔놓
았을까요?

　유명한 셰익스피어의 희곡《로미오와 줄리엣》에서 주인공 남녀는
서로를 깊이 사랑한 나머지 비극적 최후를 맞이하지요. 그런데《로미
오와 줄리엣》을 해피엔딩으로 바꾸려면 어떻게 하면 될까요? 로미오
와 줄리엣 역 배우에게 자살하지 말라고 애원해봐야 아무 소용이 없
습니다. 배우는 대본대로 연기하는 것이니 우선 대본을 바꿔야 합니

다. 당연히 연출가나 작가에게 대본을 바꿔 배우의 대사를 수정해달라고 부탁해야 합니다. 대본이 바뀌면 그 배우는 해피엔딩을 연기할 수 있게 됩니다.

비극을 희극으로 바꾸려면 배우가 아니라 그들을 움직이는 희곡의 줄거리를 바꾸면 되듯이 현실을 판단하고 행동하게 하는 내 마음을 먼저 바꾸면 현실이 바뀝니다.

다음의 이야기는 제가 어린이집 선생님들에게 강의했을 때 알게 된 김지혜 선생님의 글입니다.

대학원 면접이 있어서 전철을 타고 약속 장소로 가던 길이었다. 시간이 너무 촉박해서 택시를 타야 하는데 택시가 보이지 않았다. '늦으면 어떡하지?' 하는 생각이 잠깐 들었지만, 동시에 '좋은 생각하기를 실천하기로 했지. 금방 택시가 올 거야!' 하는 생각으로 바꾸며 횡단보도를 건넜다. 그 순간 바로 횡단보도 앞에 택시가 나타났다. 나는 택시를 타고 정시에 도착할 수 있었다. 감사한 마음에 500원의 잔돈을 받지 않았더니 기사님이 웃으시며 "팁까지 주시는 거예요? 하하하! 좋은 일이 있을 거예요" 하고 행운을 빌어주셔서 즐겁고 편안한 마음으로 면접을 보았다.

어린이집에서 업무를 보는 중에 마감일이 다가왔다. 하지만 아직 일이 많이 남아 있었다. 그때 습관적으로 '언제 다하지?' 하는 부정적인 생각이 떠올랐다. 그러나 얼른 다시 좋은 생각하기를 실천!

'다 잘할 수 있어. 금방 마무리할 수 있어!' 하며 부지런히 일했다. 일에 몰입이 되자 일주일간 해야 할 업무가 하루 만에 금방 끝나버렸다. 그래도 전혀 힘들지 않았고 오히려 상쾌하고 즐거운 느낌이 들었다.

휴대전화를 떨어뜨려서 액정 화면이 세 번이나 깨졌다. 두 번은 화면을 수리했고 세 번째는 다른 휴대전화로 교체했다. 그런데 새로 교체한 휴대전화를 사용하다가 또 떨어뜨려서 휴대전화가 작동하지 않았다. 순간 '잘 해결되겠지' 하고 생각을 전환하고, 다음 날 인터넷으로 서비스센터에 예약한 후 방문했다. "김지혜 님" 하고 불러서 창구로 가서 앉으니 예전에 휴대전화 액정을 두 번 교체해주신 기사님이셨다. 반갑게 인사를 하고 휴대전화를 보여드렸더니 "아이쿠, 이건 메인보드가 나갔어요. 메인보드는 교체하는 데 17만 원이에요"라고 했다. '비싸다'고 생각하는데 "그런데 이건 제가 그냥 해드릴게요"라고 말한다. 이게 무슨 일이지? 휴대전화 액정이 깨졌을 때는 8만 원씩 다 받으셨는데……. 수리를 마치고 나오며 기사 평가표에 크게 볼펜으로 "정말~ 감사합니다"라고 쓰고 즐겁게 서비스센터를 나왔다.

예전에는 순간순간 짜증이 나고 매사에 부정적인 느낌이 들었지만, 좋은 생각하기를 실천하면서 모든 일은 다 좋고 감사한 일임을 알게 되었다. 좋은 생각을 하는 습관은 좋은 느낌을 불러일으키고, 좋은 상황을 저절로 만들어준다. 좋은 생각하기 습관을 들이

고자 했던 작은 변화가 나에게 늘 편안함과 행복함을 가져다주고
있다.

(출처: 계간지 《생각의 힘》, 2012, 겨울)

제가 길에서 넘어져서 '아, 미치겠네!' 하는 생각이 드는 순간 '괜
찮아, 이 정도는 아무것도 아니야!'라고 생각을 전환했던 것과 같이,
그녀는 택시를 못 타서 '늦으면 어떡하지?'라는 생각이 떠오르는 순
간 '아니야, 택시는 금방 올 거야!'라고 생각을 전환했고, 일이 많아서
'언제 다 하지!' 하는 걱정이 떠오르는 순간 '아니야, 금방 끝낼 수 있
어!'라고 '좋은 생각, 즐거운 생각으로 전환하기'를 실천한 것입니다.

누구나 좋은 생각으로 전환할 수 있는 능력을 가지고 있습니다. 좋
은 생각으로 전환할수록 부정적인 생각이 사라지고, 대신 느긋하고
여유롭고 자신감 넘치는 마음이 됩니다. 최고의 인기를 누리던 연예
인도, 돈이 많은 재벌도, 권력의 정점에 서 있던 정치가도 스스로 목
숨을 끊은 안타까운 일을 기억하실 겁니다. 그런 일이 나에게는 일어
나지 않도록 해야 합니다. 즉 부정적 상황에서도 그 상황을 좋은 쪽
으로 변화시킬 수 있도록 평소에 좋은 생각, 즐거운 생각으로 전환하
는 연습을 해야 합니다. 마음속 대본을 희극으로 바꾸면 판단과 말과
행동은 저절로 긍정적이 되고, 나와 상대방을 이롭게 하는 말과 행동
으로 이어집니다. 결국 내 마음이 기쁘고 즐거워야 환경에 제약받지
않고 현실을 행복한 방향으로 이끌어 나갈 수 있습니다.

❶ 좋은 생각 습관화하기를 실천하면 현실이 바뀐다. 왜일까?

----

❷ 부정적인 생각이 들 때는 어떤 말로 전환해야 나를 발전시킬 수 있을까?

먼저 상대를
인정하라

친절은 이 세상을 아름답게 만들며 모든 비난을 해결한다.
그리고 얽힌 것을 풀어헤치고 어려운 일을 수월하게 만들고
암담한 것을 즐거움으로 바꾼다.

– 톨스토이

〈종업원에 대한 인정과 수익성: 그 상호 관계〉(2005)라는 연구 보고에 따르면, 종업원의 능력을 인정하고 존중하는 것이 경영 성과에 직접적인 영향을 미치는 것으로 확인되었습니다. 미국의 시장조사 기관인 잭슨 기구The Jackson Organization가 31개 기업 2만 6000명을 대상으로 '당신이 몸담고 있는 조직은 당신을 존중해주는가?'라는 설문조사를 했습니다. 그 결과를 보면, 자기자본수익률과 자산수익률, 영업마진율에서 극적인 결과를 보여줍니다. 직원들의 우수성을 효과적으로 인정해주는 기업이 그렇지 않은 기업보다 자기자본수익률

이 3배 이상 높았습니다(상위 기업군 8.7퍼센트, 하위 기업군 2.4퍼센트).
자산수익률 역시 3배 이상 높았습니다(상위 기업군 6.1퍼센트, 하위 기
업군 1.7퍼센트). 영업마진율 평균 역시 종업원의 우수성을 인정해주
는 설문에 동의하는 비율이 높은 기업군은 6.6퍼센트에 이릅니다. 반
면에 가장 낮은 부류에 속한 기업들이 보고한 영업 마진의 평균은 단
1퍼센트에 그쳤습니다. 이 연구 보고의 결론은 '종업원들의 우수성을
효과적으로 인정하는 기업은 그렇지 않은 기업보다 3배 이상 많은
수익을 누린다'였습니다.

　국내 전자업계에서 1, 2위를 다투는 대기업에서 전략기획 일을 하
는 한 상무의 이야기입니다. 국내 최고의 대학을 졸업하고 미국으로
건너가 하버드 대학교에서 박사 학위를 딴 그는 삼고초려 끝에 국내
기업의 전략기획 담당 상무로 영입되었습니다. 입사한 지 6개월 정도
가 지나자 회사 임원을 대상으로 하는 일대일 코칭 프로그램의 대상
자로 선정되었습니다.

　그의 고민은 첫째, 외부에서 스카우트되어 젊은 나이에 상무가 되
다 보니 나이 많은 부하 직원과의 관계가 좋지 않다는 것이었습니다.
둘째, 직속 상사인 부사장과도 사이가 좋지 않았습니다. 그래서 평소
부하 직원들과 부사장에 대해 어떤 감정을 가지고 있는지를 물어보
니, 부하 직원들에 대해서는 '어떻게 일을 이런 식으로밖에 못할까?
정말 답답하다'라는 생각을 늘 한다고 했습니다. 그리고 부사장에 대
해서는 '나이만 많았지, 무능한 사람!'이라는 생각이 든다고 했습니다.

건강검진을 받았는데, 건강이 좋지 않다는 통보를 받았다고 합니다. 특히 전두엽 쪽에 이상이 있다면서 컨디션이 나쁜 날이 많아졌다고 하소연했습니다. 이러한 상황에서 우리 회사의 신병천 마스터코치님과의 일대일 코칭이 시작되었습니다.

신 코치님이 처음 던진 화두는 '독불장군獨不將軍'이었습니다.

"상무님은 독불장군이 어떤 뜻인지 아십니까?"

"네! 혼자 잘난 척하고 고집 센 사람을 뜻하는 게 아닙니까?"

그는 의아하다는 표정으로 대답했습니다.

"독불장군이란 그런 뜻으로 쓰입니다만, 본래의 뜻은 '혼자서는 장군이 될 수 없다'입니다."

고정관념을 깨뜨리면서 생각의 전환을 유도하는 질문이었습니다. 신 코치님의 말이 이어졌습니다.

"혼자서는 장군이 될 수 없습니다. 수하에 군 병력이 있어야 장군 노릇을 할 수 있습니다. 상무님도 마찬가지입니다. 부하 직원이 현명하게 일 처리를 못하니까 상무님 같은 똑똑한 분이 리더로서 역할을 할 수 있는 것이지요. 군사가 있어야 장군이 제 역할을 해낼 수 있듯이 우직하게 업무를 수행하는 부하 직원들이 있으니까 상무님의 현명한 리더십이 발휘되는 것입니다. 그들이 있기에 상무님이 존재한다는 것을 고맙게 받아들이는 것이 무엇보다도 중요합니다. 풍선이 뜨는 것도 풍선 안의 헬륨이 풍선 밖의 질소나 산소보다 가볍기 때문인 것처럼 말이지요. 질소나 산소가 헬륨을 위로 떠오르게 만드는 것입니다.

따라서 부하 직원들이 서류를 가지고 오면 휙 훑어보고 집어던지지 말고, 일단 '잘하셨습니다. 그런데 이런 점을 좀 고쳤으면 좋겠습니다!'라고 말씀해보세요. 먼저 잘한 점을 인정한 다음에 상무님의 의견을 얘기하는 겁니다. 상무님이 먼저 인정하면 부하 직원들이 마음을 열고 듣게 됩니다. 우군이 많을수록 장수의 리더십이 잘 발휘되듯이, 따르는 부하 직원이 많을수록 상무님의 역할이 점점 더 잘 발휘될 수 있는 것 아니겠습니까?

무엇보다도 부하가 원한을 품으면 제아무리 뛰어난 장수라도 자기 생명조차 담보할 수 없게 되지요. 제가 아는 공공기관의 한 임원 역시 자기 밑에서 일하던 계약직 공무원과 틈이 벌어졌답니다. 그런데 그 직원이 송별식 자리에서 이 임원을 험담하는 것이 아니겠습니까. 그 이야기가 윗사람에게 보고되었고, 결국 이 임원은 한직으로 밀려나 힘들게 공직 생활을 이어가고 있습니다."

상대방을 억누르고 무시하면 반드시 그에 상응하는 결과가 뒤따라옵니다. 인과필연 응보무정因果必然 應報無情이라는 말이 있습니다. 이 세상에 우연은 존재하지 않습니다. 모든 결과에는 반드시 그에 선행하는 원인이 존재합니다. 필연이 되는 것입니다. 더욱이 그에 상응하는 결과는 무차별적으로 따라옵니다. 상대방이 누구냐에 따라서 가려서 오는 게 아니라, 인과에 따라 철저하게 비례해서 찾아온다는 의미지요.

부하 직원들과의 좋지 않은 관계와 마찬가지로 부사장과 관계가 좋지 않은 이유 또한 평소 품고 있던 '나이만 먹었지, 무능한 사람!'이라는 부정적 생각과 느낌이 부사장에게 전해졌기 때문입니다. 부사장 또한 상무에 대해 '나이도 어린 게 건방진 친구!'라는 평가를 내렸을 것입니다. '무능한 사람'과 '건방진 친구'라는 말은 각자 처한 상황에 따라 달리 표현된 것이지만 상대방에게 보내는 부정적 느낌만은 같은 것입니다. 결국 부사장과의 좋지 않은 관계 역시 그가 평소 부사장에 대해 품고 있던 부정적인 인식이 만들어낸 결과이므로 부사장에 대한 생각의 전환도 필요했습니다.

먼저 부사장에게 고마운 것이 있는지 생각해보게 했습니다. 그랬더니 최연소 상무로 부임하였던 초창기에 전략기획 업무를 잘 수행할 수 있도록 부사장이 도와주었던 일을 떠올렸습니다. 그래서 '부사장님은 내가 이 업무를 잘 수행할 수 있도록 도와준 고마운 분이야!'라는 생각을 떠올리게 했습니다. 그리고 꾸준히 부사장에 대한 부정적인 생각이 떠오를 때마다 '고마운 분!'이라는 생각으로 얼른 전환하도록 했습니다.

2주일쯤 지나자 사무실 분위기가 점차 활기를 띠는 것이 느껴지기 시작했답니다. 어느 날 그는 신 코치님에게 아주 기쁜 얼굴로 말했습니다.

"코치님, 오늘 아주 좋은 일이 있었습니다."

"무슨 일이신데요?"

"부사장님께서 제 방으로 오셔서 '어이! 오늘 점심이나 같이하지'라고 하시고 점심을 사주셨습니다!"

부사장이 직속 부하인 상무에게 점심을 사준 것이 뭐 그리 대단한 일이라고 그렇게 기뻐하느냐고요? 평소 사이가 좋지 않은 상사나 동료가 어느 날 호감을 표하면서 화해의 손길을 내밀 때 얼마나 기쁜지는 직접 경험해봐야 알 수 있습니다. 그의 처지에서는 얼마나 기뻤을지 상상이 갑니다. 처음 부임했을 때 말고는 둘만의 점심식사가 처음이었다니까요. 이렇게 관계의 변화가 일어난 이유는 무엇일까요? 이유인즉 이렇습니다.

결재 서류를 들고 들어온 나이 많은 부하 직원에게는 우선 자리를 권하고, 잘한 부분을 먼저 인정해주었답니다. 그런 다음 문제점을 지적했답니다. 그런데 잘한 부분을 인정하자 평소에 더듬거리고 주눅들어서 질문에 대답도 못하고 쩔쩔매던 직원들이 확 달라지더라는 것이지요. 적극적으로 설명하고 상무가 궁금해하는 부분에 구체적인 자료를 예로 들어가면서 설득도 하더랍니다. 더욱이 개선 사항을 지적해도 변명하지 않고 흔쾌히 인정하며, 다음번에는 개선 사항이 오히려 훌륭한 아이디어로 바뀌는 경우가 점차 늘어났답니다. 달라진 것은 단지 나이 많은 부하 직원에게 자리를 권한 점, 그리고 잘한 부분을 인정하고 난 후에 개선 사항을 지적한 점 그리고 마무리할 때는 고마움을 표했을 뿐인데 말이지요. 이렇게 되자 부하 직원들이 자기를 좋아하게 되고, 지시 사항도 매끄럽게 진행되는 것을 느끼게 되었답니다. '아! 그렇구나. 내가 상대방의 훌륭한 점을 인정하고 생각을 바꾸니, 상대방도 나를 잘 대해주는구나!'를 체험한 것입니다.

지적하고 비난하는 것과 코칭 사이에는 엄청난 차이가 있습니다. 지적은 일방적 비난일 가능성이 높지만, 코칭은 대안을 제시해주는 것이지요. 그리고 무엇보다 중요한 것은 지적은 상대방을 불쾌하게 하지만, 코칭은 상대방에게 무한한 능력이 있다는 확신하에 올바른 방향을 제시하는 것이므로 불쾌한 기분이 들지 않는다는 점입니다. 또한 코칭을 받는 사람은 자기를 인정해주는 코치로 인해 그 능력을 최대한 발휘할 수 있게 됩니다.

한번은 그의 비서가 행복해하는 표정으로 신 코치님에게 커피를 대접하며 고마움을 표시하더랍니다.

"코치님, 고맙습니다. 우리 상무님은 제가 매일 커피를 타 드리는데도 한 번도 고맙다는 인사를 하신 적이 없으십니다. 그런데 며칠 전에는 '생큐!' 하고 인사를 하시더라고요. 얼마나 기뻤는지 모릅니다!"

왜 부사장이 먼저 다가와 점심을 샀는지 이해가 될 겁니다. 그동안 자기만 똑똑하고 최고라고 생각하는 상무의 방에서는 늘 큰 소리가 나고 결재 서류를 든 부하 직원들이 절절 매는 모습만 보였으니 부사장의 마음 또한 편치 않았던 것이지요. 그런데 어느 날부터인지 사무실에 활력이 넘치기 시작한 것입니다. 얼음처럼 싸늘했던 팀원들의 얼굴이 부드러워지고, 사무실에서 웃음꽃이 피고, 일도 즐겁게 하면서 말이지요. 그래서 몇몇 부장에게 물었더니 "상무님께서 많이 부드러워지셨고 또 저희들을 인정해주십니다"라는 상무에 대한 칭찬을 듣게 되었답니다. 일이 이렇게 되니, 부사장 또한 마음이 즐거워진 것입니다.

더욱 놀라운 사실은, 부사장이 점심을 사겠다고 한 날 오전에 상무역시 자기도 모르게 편안한 마음으로 문득 이런 생각을 했다는 것입니다. '내가 그동안 부사장님께 너무 심했지. 똑똑한 척하며 부사장님을 무시하고 겉돌았는데도 참 무던히도 참으셨던 것 같아. 앞으로는 잘 모셔야지!' 그런데 부사장이 점심이나 같이하자고 찾아온 것입니다. "호랑이도 제 말 하면 온다"라는 속담처럼 여러분도 누군가를 생각했을 때 바로 그 사람에게서 전화나 문자가 오는 것을 경험한 적이 있을 겁니다. 이처럼 자기도 모르게 떠오르는 자연스러운 생각이 바로 현실이 되기도 합니다.

상대가 마음을 열고 다가오게 하려면 먼저 내가 상대를 인정해야 합니다. 상대의 의견을 옳다고 인정하면 상대도 내 의견을 옳다고 인정해줍니다. "아니, 옳지도 않은데 옳다고 인정하라고요?" 하고 반문할지도 모릅니다. 그렇다면 상대의 의견 중 동의할 수 있는 부분만이라도 인정하면 됩니다. 그리고 옳지 않은 것은 비난하지 말고 일단 옳은 점을 인정한 다음에 내 의견을 제시하는 겁니다. 그러면 상대방이 마음의 문을 열고 내 의견의 일부라도 받아들이게 됩니다.

미국의 심리학자인 윌리엄 제임스는 "인간의 내면에서 가장 심오한 것이 있다면, 그것은 다른 사람에게 인정받고자 하는 욕구"라고 했습니다. 그만큼 사람들은 인정받기를 원하고, 자기 의견을 존중해주기를 바랍니다. 그러므로 상대방을 인정하는 것은 그 사람의 마음을 얻고 인간관계의 갈등에서 벗어나는 탁월한 방법입니다.

그렇게 시간이 지난 후 그 대기업의 상무는 다시 병원을 찾아가 검진을 했답니다. 지난번에 좋지 않았던 건강이 정상으로 회복되었다고 합니다. 늘 미움과 불편함으로 힘들었던 마음이 고마움과 존중의 마음으로 바뀌자, 자기도 모르는 사이에 몸도 정상 컨디션을 회복하게 된 것이지요.

나에게서 출발하는 즐거움은 상대방을 즐겁게 해주고 그 즐거움이 나에게 다시 신뢰와 존경으로 돌아오게 됩니다. 반대로 나에게서 떠오르는 싫은 감정은 먼저 나를 해칩니다. 상무의 전두엽에 이상이 생겼던 것도 상대방을 미워하는 마음이 그를 먼저 해친 결과가 아닐까요? 더 나아가 상무를 꺼리던 부사장도, 부하 직원들도 상무가 가진 미운 감정이 만들어낸 것입니다. 그러나 내가 먼저 상대방에게 고마워하고 인정하는 감정을 회복하면, 고립되어 있던 내 주변에 나를 돕는 사람들이 넘쳐나게 됩니다. 우군이 많이 생긴다는 것은 내가 리더십을 잘 발휘한다는 뜻이고, 그것이 직장 생활에 활력을 주고 높은 생산성까지 가져오게 되는 것이지요. 상사와 부하 직원들이 서로 존중하고 존중받는 회사가 영업이익률이 높을 수밖에 없는 이유가 여기에 있습니다.

혼자 잘났다고 착각하면서 나를 우리에게서 소외하는 오류를 범해서는 안 됩니다. 상대방을 옳다고 인정하고 고마워하는 마음은 나와 우리의 행복한 소통을 이끌어냅니다. 개체로 고립된 삶이 아닌 전체에 녹아들어 서로를 북돋우는 지혜가 내 주변에 행복한 우군, 나를 도와주는 사람으로 넘치게 합니다.

* Self Question, Self Thinking *

❶ 주변에 나를 도와주는 사람이 많은지 생각해보라. 만약 없다면 왜일까? 내가 상대방을 어떻게 보기에 이런 일이 일어날까?

----

❷ '내 주변의 모든 사람은 나를 도와주는 사람들'이라는 말을 현실로 실감나게 느끼려면 내가 상대방을 어떻게 대해야 할까?

과거는 돌아볼 수 있고, 미래는 만들 수 있다

무위란 아무것도 안 하는 상태가 아니다.
무위란 무슨 일이든 할 수 있도록 자유로운 상태다.

– 플로이드 델

《기업, 마음을 경영하라》(마이클 리 스톨라드 외, 옥담출판사)라는 책을 보면 직원들이 입사할 때만 해도 열정으로 불타오르지만 시간이 지나면서 차츰 그 열정이 식는다고 합니다. 오늘날 기업들이 주력해서 해결해야 할 최우선 과제가 바로 이것이라고 합니다. 그 내용의 일부를 소개합니다.

오늘날 직원들의 단절감과 이탈감이 확산되고 있는 이유 중 하나는 극단적인 성격의 스타 시스템이 만연하고 있기 때문이다. 직원들을 스타 직원, 핵심 직원 또는 부진한 직원 등으로 분류하는 것이 그것이다. 스타 직원은 탁월한 성과를 내는 직원, 즉 고위 경영진이나 조직의 상위 계층으로 올라가고 있는 직원들이라 할 수 있다. 핵심 직원은 소중한 공헌을 하지만 스타는 아닌 경우다. 부진한 직원은 성과가 형편없다. 일시적인 이유 때문일 수도 있지만 주어진 역할에 어울리지 않거나 아예 회사 자체에 적응하지 못한 경우일 수도 있다. 스타 시스템은 카스트 제도와 유사하다. 스타들은 상류층에 해당하는 브라만이고, 부진한 직원은 천민이나 농민에, 핵심 직원들은 그 중간 정도에 해당한다. 결국 스타 시스템은 대부분의 직원들을 열등 계급으로 전락시킨다.

하버드 경영대학원의 토머스 들롱과 카첸바흐 파트너스의 비티타 비자야라가반이 실시한 연구를 살펴보면 이런 식의 직원 분류를 재고하게 된다. 필자가 핵심 직원이라 부르는 'B급 선수들'은 스타급 선수들만큼 조직의 성공에 중요한 역할을 하는 경우가 많다. 사실 핵심 직원들은 직원 대부분에 해당한다. 이들은 스타들만큼 똑똑하고 재능 있고 지식도 많은 경우가 대부분이지만 여러 가지 측면에서 그들과 다르다. 핵심 직원들은 상사의 관심을 끌려 할 가능성이 적다. 대부분의 핵심 직원들은 여전히 '진실을 말하는 사람들'이다. 그들은 때로 직설적인 비난을 서슴없이 하지만 다른 직원들이 나서길 꺼려하면서도 중요한 문제들을 조직이 처리할 수 있도록 돕는 역할을 한다. 직원들의 이탈감과 단절감이 오래 지속되면 그만큼 미래에 많은 핵심 직원들을 잃게 될 위험이 커진다. 그 이유는 간단하다. 핵심 직원들은 자신들의 아이디어와 의견을 아무도 바라지 않거나 귀 기울이지 않는다고 생각하게 될 것이기 때문이다. 또 자신들이 한 일이 존중받거나 인정받지 못한다고 여길 것이다. 이런 소외감이 일정 수준까지는 맥 빠지는 정도일 테지만 시간이 갈수록 깊은 좌절감으로 이어진다. 스스로 소중한 사람임을 알고 있는데도 과소평가되고 있다고 생각되면 누구라도 업무에 최선을 다하지 못하게 된다.

6개월에 걸쳐 충남에 있는 S전자에서 '혁신 전문가 과정'을 강의하고 있을 때 만난 교육 담당자가 있습니다. 직장 생활 10년이 넘어가는 차장이었지요. 그는 매일 아침 7시에 출근해서 밤 11시에 퇴근하고, 토요일에는 오후 4시까지, 일요일에도 빈번하게 회사에 나가 근무하는 것이 일상이었습니다. 그러다가 일주일에 하루를 저와 함께 일하게 된 것입니다.

처음에는 저를 매우 사무적으로 대하고 강의 개선점을 지적하곤 했습니다. 그러다가 강의가 안정적으로 진행되고 교육생들의 피드백이 좋아지자 점차 마음을 열기 시작했습니다. 그가 처음에 털어놓은 고민은 왼쪽 어깨가 굳어서 팔을 올릴 수가 없다는 것이었습니다. 몇 년 동안 한약도 먹고 뜸도 뜨고 침을 맞아도 나아지지 않았고, 지금도 팔을 쭉 뻗어서 올릴 수 없다고 했습니다. 혈색이 좋지 않았고 눈

밑에는 다크서클이 짙었습니다. 민감하고 짜증을 잘 내는 이들에게서 자주 볼 수 있는 모습이었지요. 그는 현장 업무를 떠나 6개월 동안 혁신 교육 담당자로 파견된 것에도 불만이 있었습니다. 저는 그에게 업무에 대한 불만과 매일 반복되는 늦은 퇴근, 일에 대한 부담감 등이 어깨 마비에 영향을 주었을 것이라고 말해주었습니다. 처음에는 잘 이해하지 못했지만, 여러 번 자세히 설명해주었더니 그제야 어깨 마비는 자신이 만든 증상임을 깨닫게 되었습니다.

국내 유수의 대학을 졸업하고 업무에서도 두각을 나타내고 있었지만, 그는 스스로 자기가 너무 모나서 주위와 잘 어울리지 못하고 업무 능력도 인정받지 못한다고 생각하고 있었습니다. 앞에서 인용한 글에서처럼 스타 직원에서 밀려나 핵심 직원, B급 직원이 되어 조직의 인정을 받지 못하는 것이라고 여기게 된 것이었지요. 조직에서의 소외감, 인정받지 못하는 것에 대한 불만 등이 어깨 마비로 나타난 것입니다. 하지만 대부분의 사람들처럼 육체적 질병의 원인이 마음에 있음을 알아차리지 못했던 것이지요.

혁신 전문가 교육을 두 달쯤 진행했을 때였습니다. 그가 다가와 어깨가 많이 부드러워졌다고 했습니다. 회사와 동료에 대한 부정적인 시각을 바꾸자 회사 생활이 훨씬 즐거워지게 된 것입니다. 그러다 보니 몸도 마음도 상쾌해지고 기분도 좋아졌다고 합니다. 그리고 어느 날 아침에 일어나 기지개를 켜는데 어깨가 부드럽게 돌아가고 있음을 알았답니다. 팔을 위로 올려도 아프지 않았고요. 그리고 예전에는 자기를 소원하게 대하던 동료들이 먼저 찾아오기도 했답니다. 작은 고민거리를 가지고 상담하러 오는 것이지요. 그리고 그가 해결책을 제시하면 표정이 환하게 바뀌면서 고마움을 표하기도 한다고 했습니다.

혁신 전문가 교육이 끝나고 몇 달 후 그를 다시 만났을 때는 근무 성적이 좋아서 큰 상을 받게 되었다고 자랑스럽게 얘기했습니다. 진심으로 함께 기뻐했습니다. 그가 이렇게 바뀐 이유는 무엇일까요?

핵심 직원은 대부분 회사에 대해 부정적입니다. 회사에 대해 생각하면 대체로 과도한 업무, 늦은 퇴근, 지나친 경쟁 등을 떠올립니다. 그리고 스타 직원만 떠받들고 자기들은 소외되었다는 피해 의식에 젖어 있습니다. 그러다 보니 회사 이야기만 나오면 불평불만이 쏟아집니다. 그런데 제가 진행한 혁신 교육은 회사에 대한 고정관념을 바꾸는 것이었습니다.

그가 잊고 있었던 것은 일의 즐거움과 회사와 동료에 대한 고마움이었습니다. 그동안 제가 만난 수많은 직장인들은 일과 회사가 자기를 힘들게 한다는 생각이 매우 강했습니다. 일과 회사가 나에게 스트레스를 안겨준다는 생각이 깊게 뿌리 박혀 있는 것이지요. 심지어 자기가 하는 일에서 비전을 발견하고 그 비전을 위해 열심히 일하는 사람조차 일에 대한 걱정과 조직에 대한 부담감을 떨쳐버리지 못하는 경우가 많았습니다. 그러나 그는 제 강의와 교육을 통해 '일은 즐거움이다. 회사와 동료는 내가 꿈을 실현하는 데 도움을 주는 고마운 존재다!'라고 생각을 전환한 것입니다.

회사에 대한 불편한 마음을 고마운 마음으로 바꾸면 어떤 결과가 일어날까요? 무엇보다도 먼저 마음속에서 긍정적인 느낌이 일어납니다. 자기 자신도 모르게 부정적으로 인식하던 회사와 일에 대한 자기 평가가 달라지게 됩니다. 회사와 동료에 대한 짜증과 불만에서도 자유로워집니다. 감사한 마음은 좋은 일이 일어났을 때 떠오르는 자연스러운 기쁜 마음이기 때문이지요. 그 마음을 자꾸 느끼게 되면 회사와 동료에 대한 미움도 엷어지게 됩니다. 짜증과 미움의 농도가 엷어지는 만큼 즐거운 마음은 더 커지고요. 그러면 자신도 모르게 회사와 동료들에게 좋은 파동을 보내게 됩니다. 이제 마음은 여유를 되찾고 안정감을 회복하게 됩니다. 그 결과 나를 멀리하던 동료들이 다시 내 곁으로 모여듭니다.

회사와 동료가 고맙게 느껴질 때 일은 저절로 즐거워집니다. 내 일을 도와주는 사람이 주변에 많아지면 일에 대한 부담감이 줄어들고, 비로소 행복한 일터가 완성되는 것입니다. 행복한 일터는 누가 나에게 주는 것이 아니라, 내가 스스로 만드는 것입니다.

만약 자신이 핵심 직원이라고 생각한다면, 회사가 싫고 일이 지겹다면, 매일 정체된 삶으로 힘들다면 오늘 당장 열등감과 패배감을 걸어차 버리십시오. 그리고 일의 즐거움을 되찾고 주변의 동료와 회사에 고마워하는 마음을 불러일으키려 노력해보세요. 이것이야말로 진정으로 자기 자신을 사랑하고 자신의 능력을 탁월하게 만드는 최선의 방법입니다.

"비전이 무엇입니까?" 하고 물으면, "은퇴 후 세계 일주입니다" 또는 "은퇴 후에 돈 걱정하지 않는 것입니다" 하고 대답하는 사람이 많습니다. 이런 대답은 지금은 힘들고 고통스럽지만 미래에는 행복할 수 있을 것이라는 막연한 기대감의 다른 표현입니다. 하지만 지금 여기에서 내가 내 마음을 행복하고 즐겁게 만들어야 합니다. 지금 여기서 비전이 이루어질 때 미래의 비전도 자연스럽게 이룰 수 있기 때문입니다.

S전자의 교육 담당자처럼 지금 즐겁게 일하고 동료와 조화롭게 지내면서 자기 꿈을 기쁘게 실현하는 삶을 살아야 합니다. 일에 지치고 건강을 잃더라도 미래의 꿈을 위해서는 어쩔 수 없다는 생각은 내 영혼이 당연히 누려야 할 평화와 행복을 돈과 거래하는 것이나 마찬가지입니다. 즉 자신의 소중한 삶의 가치를 포기하는 것입니다. 미래를 위한 현재의 희생, 비전의 실현은 현재의 희생과 고통으로부터 온다는 잘못된 생각을 더 이상 되풀이해서는 안 됩니다.

어느 날 한 대기업 인사 담당 상무가 코칭을 받고자 찾아왔습니다. 그는 회사 임직원들의 인사 전략, 급여, 구조 조정 등을 담당하고 있었습니다. 대리에서 차장 때까지는 승진이나 진급 등의 업무를 주로 담당했다고 합니다. 그러다가 부장일 때 회사가 IMF 위기에 처하게 되었고, 명예퇴직 제도를 통한 직원 구조 조정 업무를 떠맡게 되었습니다. 그때 아주 많은 스트레스를 받았다고 합니다. 퇴직 대상자로부터 "내가 왜 구조 조정 대상이 되어야 하느냐?"라는 항의를 받기도 하고, "두고 보자. 반드시 복수하겠다!" 하면서 협박조로 말하는 사람도 있었다고 합니다. 그런 스트레스를 견디면서 묵묵히 임무를 수행한 결과, 임원으로 승진했다고 합니다. 그러나 그 기쁨도 잠시, 얼마 후 위암 선고를 받게 되었고, 위 절제 수술을 받았답니다. 건강과 스트레스를 맞바꾸었다고 해야 할까요? 꿈은 이루었지만, 그 꿈을 위해 육체적 희생이 강요된 것이지요. 그런 상황에서도 미국 유학을 떠난 자식의 뒷바라지 때문에 걱정하던 모습이 안타까웠습니다.

많은 직장인들이 비전의 성취, 자녀의 성공, 노후의 행복 등을 위해 달려가고 있지만, 과연 그 끝에는 무엇이 기다리고 있는 걸까요? 만약 비전을 달성하기 위한 현재의 삶이 고달프다면? 그리고 늘 이 생활에서 벗어나고 싶다는 생각이 자주 든다면? 푹 쉬고 싶다는 생각이 반복된다면? 그렇다면 지금 즉시 새로운 방법으로 자신의 미래를 선택해야 하지 않을까요?

얼마 전 7년여 만에 충남의 혁신 교육 담당자에게서 전화가 왔습니다. 수석 부장으로 승진했다고 합니다. 그러면서 만약 7년 전처럼 건강이 계속 악화되고 주변 동료와 상사를 미워하고 피하고 싶은 마음이 계속되었다면 아마 지금 이 자리에 있지 못할 거라고 했습니다. 덧붙여 그는 오늘도 내일도 즐겁고 고맙게 일할 수 있는 자기 자신이 자랑스럽다고 했습니다. 우리도 이렇게 바뀔 수 있습니다.

❶ 지금의 회사 생활이 힘들다면 어떤 마음을 회복해야 할까요? 오늘부터 어떤 일을 새롭게 해야 할까?

----

❷ 회사와 동료에게 고마움을 전할 방법에는 무엇이 있을까?

2장

잊고 사는 행복,
찾고 싶은 행복

나 는 정 말 행 복 한 가 ?

내 행복이
뭐였더라?

누구도 자신의 어제를 바꿀 수는 없다.
하지만 우리 모두 자신의 내일은 바꿀 수 있다.

– 콜린 파월

강의 중에 "여러분은 신입사원 때와 비교해서 점점 더 유능해지고 똑똑해졌다고 생각하십니까?"라고 물어보면, 열에 아홉은 "아니요"라고 대답합니다. 그들은 대부분 "아침마다 마치 물 먹은 솜처럼 축 늘어져서 일어나기가 쉽지 않네요. 늘 몸이 좋지 않은 것 같아요!"라고 호소합니다. 회사에 출근해서도 즐겁기보다는 반복되는 지루한 일상과 만성적인 피로에 휩싸이기 일쑤고, 그러다 보니 점점 더 짜증내는 횟수가 늘고 있다고 하소연합니다. 그뿐 아니라 유독 나를 미워하는 것 같은 상사 때문에 마음 한구석엔 싫은 감정이 도사리고 있고, 그 상사가 나만 힘들게 하는 까닭을 이해할 수 없다고 합니다. 물론 사람들은 직장 생활을 하는 한 '천적'은 있기 마련이라고 말합니다. 하지만 그 천적만 생각하면 출근하는 것조차 싫어질 정도로 기분이 우울해지기도 하지요.

유일한 낙은 그나마 퇴근 후에 동료들과 술 한잔하면서 스트레스를 푸는 것이겠죠. 그러나 술자리에서도 즐거운 대화보다는 상사와 회사에 대한 불만만 쏟아집니다. 즐거워야 할 술자리가 오히려 푸념으로 가득한 신세 한탄 장소가 되어버리는 것입니다. 그렇다고 집에 돌아오면 편할까요? 늦은 귀가를 불만스러워하는 아내의 잔소리가 기다리고 있습니다. 더욱이 아내와는 자녀 교육 문제로 다투기 일쑤입니다. 아내는 자녀에게 관심을 두지 않는다고 불평도 늘어놓습니다. 자녀는 또 어떻습니까? 게임에 빠진 아이는 아빠가 퇴근해 돌아왔는지조차 모릅니다. 이럴 때 당신은 '내가 아이를 제대로 키우고 있는 것일까?' 하는 생각이 들지도 모릅니다. 대충 고양이세수만 하고 침대 속으로 뛰어들지만, 잠자리에 들어서조차 '나는 뭐지?' '나는 무엇 때문에 살고 있지?' '사는 게 왜 이렇게 공허하지?' 하고 자문해볼지도 모릅니다. 그러나 무섭게 밀려드는 피로감에 어느덧 잠 속으로 빨려 들어갑니다. 이런 생활이 계속 반복됩니다.

회사에 입사한 게 엊그제 같은데 벌써 십수 년이 훌쩍 지나가고 있지는 않습니까? 10대, 20대 시절 품었던 푸른 꿈은 빛바랜 사진처럼 낡아버린 지 오래입니다. 일단 취직하고 보자는 절박한 심정으로 쫓기

듯 직장을 선택했고, 그러다 보니 행복을 추구하기보다는 다른 사람들 뒤만 따라가고 있는 것이지요. 삶에 찾아온 회의가 점점 나를 초라하게 만들고 있지는 않은가요? 게다가 지속되고 있는 장기 불황과 그 여파로 직접 피부에 와 닿는 부동산 경기 침체, 퍼붓듯 들어가는 사교육비, 100세 시대라며 노후에 대한 불안을 부추기는 사회 분위기 역시 나를 압박합니다.

요즘 40대를 제2의 사춘기, 제3의 질풍노도의 시기라고들 말합니다. 얼마 전까지만 해도 인생 제2막을 준비해야 하는 시기라고들 떠들었지만, 오히려 장수 사회가 되면서 40대는 한 번 더 삶의 방향을 두고 고민할 수밖에 없는 시기라고 생각하는 것 같습니다. 지금 열심히 일만 할 게 아니라, 60대 이후 삶에 대해 준비해야 한다는 부담까지 느끼게 됩니다.

그럼에도 행복하냐고 물어보면 대개 그렇게 행복하지는 않지만 그렇다고 불행하지도 않다고 말합니다. 자기의 삶을 중간쯤으로 생각하고 위안받고자 하는 것은 아닐까요? 앞에 나서기보다는 중간쯤에서 눈치를 보며 터득한 회사 생활의 요령이 내 삶에도 적용되고 있지는 않은지요?

행복을 찾으려면 어떻게 해야 할까요? 피곤 때문에 아침마다 일어나기 힘들다고 불평해도 위로해주는 사람은 없습니다. 밉상 상사가 어느 날 갑자기 잘해주는 기적도 일어나지 않습니다. 동료들과 불만 가득한 말을 나눈다고 현 상황이 개선되는 것도 아닙니다. 그렇다고 지친 나를 아내와 아이들이 알아주나요? 설사 알아준다 해도 문제가 시원하게 해결되는 것은 아닙니다.

회사 생활에서 행복을 찾으려면 어디서부터 출발해야 할까요? 프랑스의 유명한 시인이자 철학자인 폴 발레리Paul valery는 이렇게 말했습니다.

"생각하는 대로 살지 않으면 사는 대로 생각하게 된다!"

'생각하는 대로 산다'는 것은 자기 주도성을 잃지 않고 자신의 생각대로 현실을 창조하는 삶을 말하는 것이지요. 반대로 '사는 대로 생각한다'는 것은 말 그대로 되는 대로 살고 그 결과에 대해 늘 후회하는 삶을 말합니다. 지금 직장에서 행복하지 않다면, 사는 대로 생각하게 되는, 즉 스트레스를 받으면 화가 나고 결과가 좋으면 그냥 대충 안주해버리는 기존의 매너리즘 때문이 아닐까요?

행복은 무엇일까요? 다른 사람과 비교해서 상대적으로 행복하다는 걸 말하는 것일까요? 상사가 잘해주면, 아내가 잘 대해주면, 아이가 공부를 열심히 하면 내가 행복해지는 것일까요? 다른 사람의 반응에 따라 결정되는 삶에서 행복이 느껴질까요? 동료와 어울려 상사를 안주 삼아 신나게 욕한다고 해서 행복합니까? 그렇다면 승진을 하면 행복할까요? 승진할수록 찾아오는 책임감과 고립감은 어떻게 해야 할까요?

주변의 반응에 따라 일희일비할 것이 아니라 '생각하는 대로 사는 것'에서 행복을 찾아야 합니다. 내가 행복해야 직장 생활이 행복합니다. 행복은 내가 현실을 행복하게 보고 체험하는 데서 발견할 수 있습니다. 내가 먼저 상사에게 좋은 생각을 품어야 상사도 좋은 쪽으로 바뀝니다. 가장이 행복하면 가족이 춤을 추고, 리더가 행복하면 팀원이 즐거워하며 저절로 따라옵니다. 그렇기에 나부터 행복하게 만들 생각을 해야 합니다.

누군가 행복은 '지속성'과 '강도'에 따라 결정된다고 했습니다. 지속성이란, 외부 상황에 쉽게 흔들리지 않고 계속된다는 의미입니다. 예를 들어 금요일 저녁이라 행복하고 월요일 아침이라 우울한 게 아니라, 그냥 일 자체가 즐겁고 보람 있어서 요일에 구애받지 않을 때 행복해지는 것처럼 말이지요.

강도란, 뜨뜻미지근한 것이 아니라 활력이 넘치는 것을 말합니다. 신뢰할 만한 좋은 친구가 항상 옆에 있어서 도움이 필요할 때 언제든지 나를 기운 나게 하고 도와주는 깊은 신뢰 관계를 예로 들 수 있습니다.

흔히들 마음을 밭에 비유하곤 합니다. 마음의 밭에 행복의 씨앗을 뿌려야 행복이 자라나게 된다고 말입니다. 지쳐버린 일상에, 동료들과의 형식적인 어울림에, 아내와 아이들에 대한 부담감에, 밀려오는 공허함으로 마음이 황무지로 변해가고 있지는 않습니까? 그렇다면 오늘 당장 나를 생동감 넘치고 지속적으로 행복할 수 있게, 외적 조건이 아닌 내면의 즐거움을 누릴 수 있게 내 마음의 밭을 갈아엎어 보는 것은 어떨까요?

* Self Question, Self Thinking *

❶ 나는 어떤 것을 행복이라고 생각하는가?

----

❷ 지속적인 행복을 느끼려면 나의 생각 가운데 어떤 부분이 바뀌어야 할까?

일상의 즐거움을
잃었다면

행복을 즐겨야 할 시간은 지금이다.
행복을 즐겨야 할 장소는 여기다.
– 로버트 잉거솔

울 밑에 선 봉선화야 네 모양이 처량하다

길고 긴 날 여름철에 아름답게 꽃필 적에

어여쁘신 아가씨들 너를 반겨 놀았도다

– 김형준 작사, '봉선화'

손대면 톡하고 터질 것만 같은 그대, 봉선화라 부르리

터지는 화산처럼 막을 수 없는 봉선화 연정

– 김동찬 작사, '봉선화 연정'

똑같은 봉선화를 보고도 김형준 작사, 홍난파 작곡의 '봉선화'와 김동찬 작사에 가수 현철이 부른 '봉선화연정'은 사뭇 느낌이 다릅니다. 같은 봉선화를 두고 전자는 처량하게, 후자는 사랑스럽게 보았으니까요. 더욱이 봉선화가 사람에 따라 "처량하게 느끼세요!"라고 하거나 "사랑으로 느끼세요!"라고 말할 리도 없는데 말이지요.

마찬가지로 아파트 화단에 핀 흰 목련을 보고 양희은이 부른 '하얀 목련'의 가사 중에서 "아픈 가슴 빈자리에 하얀 목련이 진다"를 떠올리는 사람이 있는 반면에, 성악가 엄정행이 부르는 "오늘도 내일도 영원히 나 아름답게 살아가리라"라는 '목련화' 가사를 떠올리며 아름다운 봄날을 만끽하는 사람도 있습니다.

지금 여러분은 봉선화 하면 어떤 생각이 떠오릅니까? 마당에 핀 봉선화 꽃잎을 따서 곱게 빻아 손톱에 물들여주시던 어머니와의 추억이 떠오릅니까? 아니면 "그런 적이 있었던가, 잘 기억이 나지 않네. 별다른 감정이 없는걸" 하는 편인가요? 목련이 필 무렵엔 어떤 감정이 느껴집니까? 아마도 대부분은 꽃이 만발한 싱그러운 봄이 느껴질 겁니다. 그러나 목련이 필 무렵 이별을 경험했다면 슬픈 감정이 떠오르겠지요. 제가 아는 어떤 사람은 은행잎이 수북이 쌓인 거리를 보면 겁이 난다고 합니다. 어느 날 출근길에 그런 길을 걷다 미끄러져서 엉덩방아를 찧는 바람에 며칠 동안 절룩거렸던 기억이 떠오르기 때문이랍니다. 그러나 은행잎의 황금물결이 가을 정취를 흠뻑 느끼게 해준다는 사람도 있을 겁니다. 어떻습니까? 마음속에 스며든 생각에 따라 사물이 다르게 보이지 않습니까?

마음이 어떠냐에 따라서 같은 목련을 보고도 떠오르는 노래가 각기 다르고, 느낌 또한 다릅니다. 꽃을 예로 들었지만, 이는 사물이 문제가 아니라 그것을 바라보는 사람의 마음이 문제인 것입니다. 기쁨이 아닌 슬픔을, 즐거움이 아닌 고통을 느낀다면 그것은 내 마음이 아프기 때문입니다. 늘 잘 대해주던 상사가 어느 날 별 문제 없는 보고서인데도 심하게 야단을 쳐서 스트레스를 받았다면, 평소에는 너그럽게 넘어갈 일노 예민하게 반응하는 자신을 보게 될 겁니다.

퇴근해서 집에 돌아왔는데, 거실에 앉아 있는 아이가 스마트폰 게임에 빠져 건성건성 인사를 했다고 합시다. 기분이 좋을 때는 아무렇지 않게 안방으로 들어가 옷을 갈아입습니다. 그리고 다시 나와 아이 옆에 앉으면서 기분 좋게 "오늘 공부 많이 했냐?" 하고 웃으면서 인사를 건넵니다. 하지만 오늘은 다릅니다. 평소와 똑같은데도 아이에게 버럭 화를 냅니다. 오늘따라 유달리 질책하던 상사의 얼굴과 아이의 얼굴이 겹쳐지면서 "야, 인마! 너는 아빠가 왔는데 인사도 제대로 안 해? 그리고 어떻게 만날 게임만 하냐? 빨리 방에 들어가서 공부하지 못해!" 하고 버럭 화를 냅니다. 회사에서 받은 스트레스가 자신도 모르게 집에서의 상황을 꼬이게 만들어버린 것이지요. 아이는 평소처럼 행동했는데, 그것을 부정적으로 바라본 것은 아빠의 나쁜 감정 상태가 겉으로 드러났기 때문입니다.

술을 마실 때도 마찬가지입니다. 술에 취하면 별것 아닌 일에도 웃음이 헤퍼지는 사람이 있습니다. 반대로 술만 취하면 우는 사람도 있습니다. 이런 사람은 그나마 낫습니다. 평소에는 그렇게 얌전하다가도 술만 마셨다 하면 과격해지는 사람도 있습니다. 심지어 조금만 의견이 달라도 화를 내고 싸울 기세입니다. 술 취한 사람들에게 이런 다양한 일이 일어나는 것은 술이 아니라, 술을 마시는 그 사람의 마음이 다르기 때문입니다.

즉 술에 취해 울고 웃고 과격해지고 화를 내는 것은 그 사람의 무의식 속에 스며든 감정이 술이라는 매개를 빌려서 여과 없이 드러나기 때문이라는 말이지요. 생각보다 깊은 곳에 있어서 스스로 의식하지는 못하지만 어떤 상황을 만나면 자신도 모르게 저절로 떠올라 감정과 행동을 일으키는 무의식은, 마음속에 숨어 있다가 외부 현실을 만나면 드러나서 그 사람을 기쁘게도 슬프게도 만드는 일종의 프로그램입니다.

예를 들어 퇴근 무렵에 기분이 좋아진다면 당신의 행복지수는 그다지 높은 편이 아닐 것입니다. 그것은 당신의 무의식 속에 회사를 벗어날 수 있다는 일시적인 해방감이 나타나기 때문입니다. 아침에 눈 뜰 때 '아, 벗어나고 싶다!'는 생각이 자주 떠오른다면 자신도 모르는 사이 회사 생활에서 압박감을 느끼는 것이라고 볼 수 있지요. 더욱이 '이렇게 사는 게 맞는 걸까?' 하는 회의가 자주 든다면 현재의 생활이 자신이 바라던 삶에서 멀어지고 있음을 무의식적으로 느끼고 있는 것입니다. 깊이 고민하지 않는데도 반복해서 떠오르는 생각이 있다면, 그것이 바로 지금 내 삶의 모습이며 현실이라고 할 수 있습니다.

꽃이, 아이가, 술이 문제가 아닙니다. 그것을 보는 마음이 문제입니다. 상황이나 다른 사람 때문이 아닙니다. 어떤 상황을 대할 때 자신의 마음이 어떤지를 아는 것은 그래서 매우 중요합니다.

봉선화가 슬픈 것이 아니라 내 마음이 슬픈 것임을 알아차려야 합니다. 하지만 우리는 아이가 매일 공부는 안 하고 스마트폰만 들여다보고 있기 때문에 화가 난다고 말합니다. 마음속에 숨어 있는 아이에 대한 불신이 아이에게 화를 내게 만든다는 사실을 모르는 것이지요.

평소에는 신호등이 전혀 의식되지 않지만, 중요한 고객을 만나러 가는 날 교통체증으로 시간이 지체되면 유달리 신호등이 신경 쓰이고 신호 대기 시간이 평소와 달리 길게 느껴집니다. 아내와 다투어서 기분이 좋지 않은데 자고 있던 아이가 깨어나 일찍 들어온 아빠를 보고 반가워하며 동화책을 읽어달라고 하면, 평소와 달리 아이가 미워보이지 않습니까? 현실은 마음의 그림자입니다. 마음이 필름이라면 현실은 스크린에 비추인 순간순간 바뀌는 화면입니다. 그러므로 마음이라는 필름에 즐거움이 새겨진 사람은 사물뿐 아니라 어떤 사람을 대하더라도 똑같이 즐거움을 느끼게 됩니다.

"현실이 즐겁지 않은데 어떻게 즐거워하란 말이야. 웃기지 마!" 하고 화를 내는 사람이 많습니다. 하지만 현실이 슬퍼하라고, 괴로워하라고 명령한 것은 아니지 않습니까! 현실 탓을 하는 것은 현실이 슬퍼하라고, 괴로워하라고 명령했다며 우기는 것과 같습니다. 즐거움을 누리려면 현실을 바꾸는 것이 아니라, 현실을 보는 내 마음을 즐겁게 바꾸는 것이 선행되어야 합니다.

* Self Question, Self Thinking *

❶ 나는 평소에 어떤 노래를 자주 부르는가? 그 노래를 계속 부르면 나의 마음에 어떤 정서가 쌓일까?

----

❷ 반복해서 나를 힘들게 하는 문제가 있다면 그 문제에 대해 내 생각을 어떻게 바꾸어야 즐거워질 수 있을까?

----

74 · 나는 정말 행복한가? ·

즐거워하면
걱정이 사라진다

자신의 마음을 변화시킬 수 없는 사람은
어떤 것도 변화시킬 수 없다.

― 조지 버나드 쇼

양평으로 가는 길에 예쁜 꽃으로 둘러싸인 아름다운 집이 있기에 잠시 차를 멈추고 그 집에 들렀습니다. 50대 초반으로 보이는 아주머니께서 나오시더군요. 나중에 알고 보니 60대 초반이었습니다.

"이렇게 예쁜 꽃은 누가 키우는 것입니까?" 하고 묻자 "제가 키우고 있습니다!"라고 하시면서 다음과 같은 얘기를 들려주셨습니다.

젊은 시절 양평으로 시집와 며느리이자 엄마로 그리고 농부의 아내로 열심히 살았답니다. 그런데 어느 날부터인가 점점 건강이 나빠져서 병원을 찾았는데, 암 진단을 받았답니다. 의사가 얼마 살지 못할 거라고 했다더군요. 그러자 시부모님은 고생만 한 며느리가 몹쓸 병에까지 걸렸다면서 "앞으로 여생은 좋아하는 것을 하면서 보내라" 하셨답니다. 그래서 아주머니가 선택한 것이 꽃을 가꾸는 일이었고요.

꽃씨를 심고 꽃이 피기를 기다리면서 늘 설렜고, 꽃이 피면 그 아름다움에 기쁨과 행복이 넘쳐났다고 합니다. 봄이면 싱그러운 봄꽃의 아름다움으로, 여름이면 눈부시게 화려한 여름날의 꽃으로 즐거웠고, 가을 국화 또한 향기롭게 아주머니의 마음속에 기쁨을 주었습니다. 겨울엔 겨울대로 다음 봄에 뿌릴 씨앗을 정리하고 봄이면 싹 틔울 땅속의 꽃씨들과 즐겁게 대화를 나누기도 했고요. 그렇게 몇 해 동안 꽃 가꾸는 즐거움에 빠져서 세월 가는 줄 몰랐답니다.

그러다 보니 자기가 암 환자라는 사실조차 까맣게 잊었다고 합니다. 아니, 병원을 생각하면 암에 걸렸다는 사실이 떠올라서 병원이라는 단어조차 떠올리지 않으려 했고, 아예 병원에 가는 것조차 잊게 되었답니다. 그렇게 15년 세월이 흘렀고, 가족의 성화에 못 이겨 마지못해 병원을 찾았는데, 병이 완치되었다는 기쁜 소식을 접하게 되었다는 겁니다.

꽃을 키우는 아주머니의 암이 완치된 이유는 무엇일까요? 아주머니의 마음속에는 꽃을 키우면서 느끼게 된 기쁨과 즐거움과 행복함이 늘 가득하지 않았을까요? 그런 즐겁고 행복한 마음이 아주머니의 마음속에 있던 암에 대한 걱정과 두려움을 흔적도 없이 사라지게 한

게 아닐까요?

2008년 EBS에서 방영한 암 치유 사례 프로그램에도 비슷한 예가 나옵니다. 이 프로그램에는 미국 텍사스 주 사이먼턴 암 연구소의 치유 사례가 나오는데, 73세의 할머니가 암을 선고 받은 후 암이 낫는 상상을 했더니 정말로 치유되었다고 합니다. 이 방송에 나온 칼 사이먼턴은 한때 오리건 대학병원의 치료방사선과 교수로 재직하며 주로 암을 치료하는 일에 종사했는데, 언젠가부터 수술이나 항암제, 방사선 같은 물리적인 치료에 한계를 느끼게 되었습니다. 그는 암이란 단순히 발암물질 같은 특정한 물리적 요인이 생물학적 메커니즘에 작용하여 발생하는 것이 아니라고 주장합니다. 그보다는 물질적, 사회적, 문화적인 여러 조건 속에 가득한 부조화와 불균형에 대응하는 개인의 심리 상태가 핵심 원인이라는 것입니다. 정신적 스트레스가 면역 체계를 약화시키고 내분비계 균형을 파괴함으로써 암세포가 발생할 수 있는 최적의 조건을 형성한다는 것이지요. 따라서 암 치료의 목표는 스트레스가 암을 일으키고 진행시키는 통로를 추적하여 그 통로를 역으로 활용하는 것입니다. 즉 스트레스를 사라지게 함으로써 암을 치유할 수 있는 것이지요(전홍준, 《완전한 몸, 완전한 마음, 완전한 생명》, 에디터출판사 참조).

물론 아주머니의 마음이 처음부터 꽃을 키우는 기쁨으로 가득했던 건 아닐 겁니다. 오히려 암에 대한 걱정과 두려움이 더 컸겠지요. 그렇지만 씨를 심고 그 씨가 싹이 터 자라고 꽃봉오리가 생기고 드디어 아름답게 피어나는 것을 보면서 점점 더 기뻐하는 시간이 늘어났을 것입니다. 그런 날이 많아질수록 암을 걱정하는 마음이 점점 줄어들지 않았겠습니까? 걱정하면 걱정하는 일이 더 빠른 속도로 일어나게 됩니다. 만약 아주머니가 암에 걸린 현실을 비관만 하면서 지냈다면 어떻게 되었을까요?

'왜 하필 나에게 이런 일이 일어났지?' '왜 하필 나는 그 많은 남자 중에 시골에서 농사짓는 사람에게 시집와 이렇게 힘들게 일만 하다가 재수 없게 암에 걸렸지?' '나는 왜 이렇게 불행한 운명을 겪게 되는 걸까?' 하고 생각했다면, 그래서 '이젠 얼마 살지 못하고 죽을지도 몰라!' 하고 걱정만 하며 지냈다면 어떻게 되었을까요?

'혹병동체惑病同體'라는 말이 있습니다. 보이지 않는 마음의 의심이 병으로 나타난다는 뜻입니다. 요즘 말로는 건강염려증이라고 할 수 있겠네요. 요컨대 환자는 병으로 죽는 것이 아니라, 병에 대한 두려움 때문에 병을 극복할 수 없게 된다는 겁니다. 암 환자라면 암으로 인해 죽는 것이 아니라, 암에 대한 걱정이 두려움을 만들어내고 그 두려움을 극복하지 못해 좋지 않은 결과가 나타난다는 것이지요. 세계에서 가장 오래된 의학 전문 학술지인 《뉴잉글랜드 의학 저널》에 실린 논문(2012. 4. 5.)에 따르면, 의사에게서 암 진단을 받은 후 일주일 사이에 자살률은 12.6배, 심혈관 질환으로 인한 사망률은 5.6배가 증가했다고 합니다. 너무 쉽게 삶을 포기하거나 두려움으로 스스로를 죽음으로 몰아가는 사람이 많다는 것은 참 안타까운 일입니다.

요즘은 암 진단을 받더라도 충분히 이겨낼 수 있는 세상입니다. 그런데 왜 아직 일어나지도 않은 일을 미리 불안해하고 걱정하는 마음이 자꾸 들까요? 그것은 마음속에 자신도 모르게 자리 잡은 걱정을 일으키는 습관 때문입니다. 지금 양 손바닥을 마주 대고 손가락을 깍지 끼어보세요. 어느 손 엄지가 위로 올라옵니까? 오른손인가요? 왼손인가요? 다시 풀었다가 끼어보세요. 마찬가지로 같은 손 엄지가 위로 올라왔을 겁니다. 반대로 깍지를 끼면 어색함을 느끼게 됩니다. 이번엔 팔짱을 한번 끼어보세요. 어느 팔이 위로 올라갑니까? 습관적으로 왼팔이 위로 올라가는 사람은 계속해서 왼팔이 위로 올라갑니다. 반대로 팔짱을 끼어보세요. 왠지 어색할 겁니다. 마음속에 생각의 습관이 프로그래밍 되어 있어서 무의식적으로 같은 방식으로 깍지를 끼고 팔짱을 끼었던 것입니다. 양말을 신을 때도 신발을 신을 때도 먼저 내미는 발이 있습니다. 오른발부터 내미는 사람은 의도적인 노력 없이는 계속 오른발부터 양말을 신고 신발을 찾게 되지요. 와이셔츠와 양복을 입을 때도 오른팔을 먼저 끼우는 사람은 특별히 의도하지 않는 한 계속 오른팔을 먼저 끼우게 됩니다. 반대로 양말이나 와이셔츠를 입어보세요. 어색할 것입니다.

마찬가지로 걱정하는 습관 역시 아직 일어나지 않은 일 그리고 경험해보지 못한 것에 대해 자기도 모르게 편안함보다는 불안함을 자꾸 느끼기 때문에 생기는 것입니다. 마음 깊은 곳에 잠재된 불안과 두려움이 무의식적으로 떠오르는 것이지요. 하지만 인간에겐 이런 습관적인 걱정을 중단할 수 있는 능력이 있습니다. 걱정은 자신이 원하지 않는 생각에 자신도 모르게 집중하는 것입니다. 원하지 않는데도 걱정이 습관이 되어버립니다. 그렇다면 습관적인 걱정에서 빠져나오려면 어떻게 해야 할까요? 반대로 생각하는 겁니다. 즉 내가 원하는 생각에 즐겁게 몰입하는 것입니다.

걱정스러운 생각이 떠오를 때는 '아, 내가 또 걱정을 하고 있구나!' 하고 자각하는 것이 필요합니다. 그런 자각이 걱정을 끊는 좋은 방법입니다. 자각을 하면 스스로 걱정하고 있다는 것을 통찰할 수 있게 되지요. '실패하면 어떡하지?' 하는 걱정이 들면 "지금 내가 미리부터 '실패하면 어떡하지?' 하고 습관적인 걱정을 하고 있구나!" 하고 스스로 알아차리는 것입니다. 그리하여 스스로의 부정적인 생각을 바라볼 수 있게 되면 오히려 "걱정하는 대신 성공할 수 있도록 더욱 치밀하게 준비하는 게 더 낫다. 당장 더 완벽하게 준비하자!" 하고 마음을 다잡을 수 있게 됩니다. 이렇게 자신감 있는 자기 자신을 만드는 것이야말로 바로 걱정을 사라지게 하는 방법입니다.

더욱이 '걱정이라는 건 정말 쓸데없는 것'이라는 사실을 명확히 이해해야 합니다. 걱정을 하면 걱정스러운 느낌이 일어나고, 그 느낌은 행동을 수동적이고 소극적으로 만들어서 걱정했던 일을 현실로 만들어버립니다. "아니, 걱정스러운데 왜 걱정을 안 해요? 걱정을 해야 그 상황에 대해 신경을 써서 걱정스러운 상황이 일어나지 않도록 예방할 수 있잖아요?" 하고 반문하는 사람도 있습니다. 하지만 걱정은 걱정을 낳을 뿐입니다. 또 어떤 사람은 걱정에도 종류가 있다고 말합니다. 걱정에도 고민이나 이유가 다양하다고 말이지요.

과연 그 다양한 고민이나 이유별 걱정거리는 어떤 것인지 살펴볼까요? '약속 시간에 늦으면 어쩌지?'처럼 아직 일어나지 않은 일에 대한 걱정이 40퍼센트로 제일 많답니다. 그다음으로 '어제 치른 시험에서 떨어지면 어쩌지?'처럼 과거에 이미 일어난 일에 대한 걱정이 30퍼센트, '혹시 큰 병에 걸리지는 않았을까?'처럼 걱정을 위한 걱정이 12퍼센트, '오늘 동창회에 어떤 옷을 입고 나갈까?'라는 사소한 걱정이 10퍼센트, '혜성이 지구와 충돌하면 어떡하지?'라는 통제 밖의 걱정이 4퍼센트, 마지막으로 '걱정다운 걱정'이 4퍼센트라고 합니다. 아무리 양보해도 우리가 하는 걱정의 96퍼센트는 쓸데없는 걱정입니다. 아직 일어나지 않은 일이 걱정스럽다면 그 일에 즐겁게 몰입해서 완성도를 높이면 해결됩니다. 어제 치른 시험은 이미 지난 일입니다. 걱정을 하든 안 하든 일어날 일은 일어나게 됩니다.

'동창회에 어떤 옷을 입고 나갈까?'와 같은 걱정은 금방 해결되는 사소한 문제지요. '혜성 충돌이 일어나면 어쩌지?' 같은 통제 밖의 걱정은 정말 불필요한 걱정입니다. 마지막으로 4퍼센트의 걱정다운 걱정이 남았는데, 이런 걱정조차 사실 필요하지 않습니다. 다시 말하지만 걱정은 걱정을 불러일으킬 뿐이기 때문입니다.

그런데 걱정을 중단시킨 후에 즐거운 생각을 하는 것이 아니라, 즐거운 생각에 몰입하면 저절로 걱정이 사라집니다. 양평의 아주머니는 꽃 키우는 일에 집중했을 뿐이지만, 그럼으로써 그녀의 마음속에서 '나는 암 환자'라는 반복되는 걱정이 사라지게 되었습니다. '걱정하지 말아야지, 걱정해서는 안 돼'라고 다짐해봐야 걱정스러운 마음은 사라지지 않습니다. 양평의 아주머니는 억지로 걱정하지 않으려한 게 아니라, 꽃을 가꾸고 바라보는 일에 집중한 결과 즐거운 마음이 자연스럽게 자리를 잡게 된 것이지요. 그 결과 자기가 암 환자라는 걱정을 까맣게 잊게 된 것입니다. 꽃을 가꾸는 아주머니의 행위는 '즐거운 생각을 자기도 모르게 하게 될 때 마음 깊은 곳에 뿌리내리고 있던 불안이나 걱정이 저절로 사라지게 된다'는 사실을 알려줍니다.

그렇다면 즐거운 생각을 자기도 모르게 하려면 어떻게 해야 할까요? 우선 의도적으로 즐겁고 행복한 생각을 반복하는 것입니다. 다음은 《자기암시》라는 책으로 유명한 에밀 쿠에의 '자기암시문'입니다.

내 인생은 날마다 그리고 모든 면에서 점점 좋아지고 있다.

내 삶은 하루하루가 건강한 육신, 건전한 정신 그리고 순결한 영혼으로 수놓이고 있다.

어제보다는 오늘 그랬듯이, 오늘보다 내일 나는 더 원숙한 삶을 향해 전진한다.

지난날 한때 불운하게 생각되던 일들이 마침내 좋은 결과로 반전되었듯이 내 인생의 어려운 일은 마침내 유익하게 바뀐다.

가족은 인생의 친구요, 동반자며, 분신이다. 그들은 세상에서 가장 강력한 나의 응원단이다.

우리 가족 모두는 건강하고 활기차며 우리는 서로 믿고 사랑한다.

그들이 있기에 나는 날마다 힘을 얻어 힘차게 새날을 맞이한다.

나는 회사 생활을 통해 매일 새로운 가치를 창조하며, 이 과정에서 새로운 지식과 경험을 충전한다.

나는 회사원으로서 성장과 발전을 날마다 확인할 수 있어 기쁘다.

내 기쁨은 주변에도 전파되어 그들에게 적극성과 동기를 부여한다.

나는 선배와 동료들과 더불어 즐겁게 지낸다.

나는 그들의 선한 의지를 믿어 그들을 성공의 동반자로 삼는다.

내 재산은 우리 가족의 오늘을 위해 부족함이 없다.

어제도 그랬듯이 재산은 오늘도 필요한 만큼 늘어날 것이며, 이런 증가는 나의 삶 내내 지속될 것이다.

내가 재산의 주인이며, 결코 재산이 나의 주인은 아니다.

내 마음은 항상 평화롭고 고요하다.

나는 성공한 사람들에게 호감을 갖고 어려운 사람들을 성공으로 이끈다.

내가 하는 일은 사회 발전에 기여하며 인류 평화에 유용하다.

나는 내가 하는 일에 자부심을 느낌으로써 평온하고 밝은 마음을 지킨다.

매일 밤 나는 원하는 시각에 단잠에 빠지며 밤새 깊고 편안한 잠을 이룬다.

내가 눈을 뜨면 몸은 어느새 생기로 가득 차 있다.

나는 매일 이 글을 읽으며 하루를 시작하고 이 글을 읽으며 하루를 마감한다.

잠을 자는 동안 이 글은 내 마음 깊은 곳에 스며든다.

진정으로 나는 날마다 그리고 모든 면에서 점점 좋아지고 있다.

이 글을 소개하는 이유는 걱정 대신 행복하고 즐거운 마음을 가지려면 우선 의도적으로 그런 마음이 들도록 노력해야 한다는 것을 알려주기 위해서입니다. 긍정적인 자기 암시야말로 습관적으로 걱정하는 마음을 즐겁게 만드는 좋은 방법 가운데 하나입니다.

어떤 일을 하기 전에 '나는 못해, 내가 할 수 있을까?' 하고 걱정이 앞서게 되면 그 일을 미루거나 회피하거나 마지못해 억지로 하게 됩니다. 그러나 '이 일은 충분히 해낼 수 있어. 나는 할 수 있어!'라고 생각을 전환하면, 걱정스러웠던 마음이 자신감 넘치는 마음으로 바뀌고, 그러면 '힘들어, 어려워, 못해, 불가능해'라고 자신도 모르게 반복하던 말들이 마음속에서 사라집니다. 그리고 '괜찮아, 쉬워, 할 수 있어, 가능해'와 같은 말들이 떠오르게 될 것입니다. 이제 다른 사람에게는 어려운 일도 나는 쉽게 해낼 수 있습니다. 나는 일을 빠르게 잘 해낼 것이며 지치지도 않습니다. 잘하려고 억지로 노력하지 않아도 됩니다. 단지 마음속 깊은 곳에 잘할 수 있다는 자신감을 채우면 됩니다. 긍정적인 말과 느낌을 반복하면 마음속에 자신감이 차오릅니다.

나는 잠자리에 들 때마다 "나는 행복하다!"라고 말하면서 동시에 행복한 느낌을 떠올립니다. 그리고 마음속으로 '나는 즐겁다!'라고 외칩니다. 또는 "나는 늘 평화롭다"라고 스스로에게 속삭입니다. 무언가를 해내야 할 때는 "나는 무엇이든지 할 수 있다!"라고 반복하면서 내 마음에 들려줍니다. 잠들기 직전에는 깨어 있는 감각의식과 잠들었을 때의 잠재의식이 공존하고 잠재의식의 문이 열려 있기 때문에 내가 나에게 들려주는 말이 잠재의식 속에 쉽게 스며듭니다. 그리고 스며든 이 말은 나의 삶을 멋지게 창조합니다. 잠들기 전에 마음 깊은 곳에 들려준 말은 걱정을 사라지게 하고 하루하루를 즐겁고 행복하고 평화롭게 만들어주는 좋은 씨앗이 되는 셈입니다.

❶ 힘든 일을 앞두고 걱정스러운 마음이 일어날 때 그 걱정을 사라지게 하는
방법에는 어떤 것이 있을까?

----

❷ 지금 내가 습관적으로 내뱉는 걱정의 말이 있다면 무엇일까? 그 말을 어
떻게 바꿀 수 있을까?

스트레스는
스스로 만든 반응일 뿐

인생이 노래처럼 잘 흘러갈 때는 명랑한 사람이 되기 매우 쉽다.
그러나 진짜 가치 있는 사람은 웃는 사람이다.
모든 것이 잘 흘러가지 않을 때도 웃는 사람 말이다.

– 엘라 휠러 윌콕스

도로에서 방향 지시등을 켜지도 않은 자동차가 갑자기 앞으로 끼어듭니다. 그 순간 당신은 어떻게 반응하십니까? 불쑥 화가 치밀어 올라 "아니, 저 친구 도대체 뭐야? 정신이 있는 거야, 없는 거야! 상대방에 대한 배려라곤 눈곱만치도 없군. 가만둘 수 없지!" 하며 벼릅니까? 또는 끼어든 차를 향해 상향등을 깜빡이고 경적을 울리고 추월해서 '맛 좀 봐라' 하며 되갚아주고 싶은 생각이 불같이 일어납니까? 아니면 "어지간히 급한가 보네! 어서 들어오슈!" 하면서 별일 아니라는 듯 느긋하게 브레이크를 밟아 공간을 확보해줍니까? 당신은 어느 쪽입니까?

　왜 어떤 사람은 벌컥 화를 내고 어떤 사람은 별다른 스트레스를 받지 않고 무던하게 양보할까요? 그 이유는 명확합니다. 각자의 얼굴 생김새가 다르듯이 각자의 마음속에 있는 '갑자기 끼어든 차'에 대한 생각이 서로 다르기 때문입니다. 화를 내는 사람은 '나는 차가 끼어들면 못 참아!'라는 생각이 있는 것이고, 별다른 스트레스를 느끼지 않는 사람은 '차가 끼어들면 어때! 내 갈 길만 가면 되는 거지'라는 생각이 있는 것입니다. 갑자기 끼어든 차가 문제가 아니라, 그 차를 대하는 마음이 스트레스를 느끼게도 덤덤하게 받아들이게도 만드는 것입니다.

　지인 중에 30여 년간 신경성 위염을 앓고 있는 사람이 있습니다. 그의 스트레스는 친구나 고객과 어울려 술을 즐겁게 마실 수 없다는 것입니다. 술을 조금만 마셔도 다음 날 속이 쓰려서 괴롭기 때문이지요. 그의 신경성 위염이 시작된 것은 대학교 1학년 때부터입니다. 그의 형이 주식투자에 쓸 종잣돈 100만 원을 준 것이 계기가 되었습니다. 그 후 아침에 일어나서 잠자리에 들 때까지 경제 신문의 주식 기사를 살피는 것이 하루 일과가 되었답니다. 그것이 지금까지 30여 년간 계속되고 있는 것이지요. 그는 주식 얘기만 나오면 민감해지고 주가가 오르내리는 것에 따라 매일 감정의 기복이 심해진다고 합니다. 30여 년간 해온 주식투자를 끊지도 못한다고 고민합니다. 결국 그의 병은 주식투자로 민감해진 마음 때문이라고 볼 수 있지 않을까요.

'모든 사건과 상황은 중립이다All events and situations are neutral'라는 말이 있습니다. 그 사건과 상황을 내가 어떻게 생각하느냐가 스트레스로 작용하느냐, 덤덤하게 지나가느냐로 나타나는 것입니다. 그렇다면 이 사람이 신경성 위염에서 벗어나려면 어떻게 해야 할까요?

많은 자산을 운용하면서도 주식투자를 즐겁고 느긋하게 하는 사람도 있습니다. 결국 신경성 위염은 외부의 상황이 가져오는 것이 아니라, 자기 마음속에 있는 좁은 기준이 만들어낸 것임을 명확히 이해해야 합니다. '이, 나는 주식투자로 인해 나도 모르게 쉽게 불안해하고 힘들어하는구나. 그래서 그 스트레스가 신경성 위염까지 일으키는구나' 하고 스스로 느끼게 된다면, 외부가 아닌 자기 마음을 바꿀 준비가 되었다고 할 수 있습니다. 자기도 모르게 형성된 마음의 불안이나 민감함이 스트레스를 느끼지 않아도 될 상황을 스트레스로 느끼면서 힘들게 만드는 것이기 때문입니다.

엘리베이터 안에서 귀여운 꼬마가 내 정강이를 톡 걷어찼다고 해보죠. 나도 그 아이에게 화를 내고 똑같이 걷어찰까요? 오히려 "야, 이 녀석 장군감인데!"라고 하면서 머리를 쓰다듬어줄지도 모릅니다. 그런데 어른이 내 어깨를 툭 치며 엘리베이터를 탔다면 기분이 나빠질 수도 있습니다. 결국 우리는 비슷한 상황을 만나도 내가 크게 신경 쓰지 않는 일에는 스트레스를 받지 않지만, 민감하게 반응하는 일에는 스트레스를 느끼게 됩니다.

스트레스는 불청객처럼 불쑥 찾아옵니다. 대부분 예상치 못한 상황에서 발생하지요. 예상치 못했기 때문에 더 스트레스를 받는 겁니다. 그러나 바로 그 순간 "아! 그래! 이 스트레스는 불안을 자주 느끼고 민감해하는 내 마음이 만들어낸 거야!" 하고 깨달으면 빨리 벗어날 수 있습니다. 이런 자각은 자기를 바꿀 수 있는 좋은 방법이기도 합니다.

예상치 않은 갑작스러운 상황이 발생하여 화가 나고 어떻게 대처해야 할지 모를 때 사람들은 대부분 "큰일 났네. 어떡하지?"를 연발합니다. 스트레스가 주인이 되고 나는 스트레스의 노예가 됩니다. 그러면 스트레스가 더욱 나를 궁지로 몰아넣게 됩니다. 그러나 스트레스를 받는 그 순간 반대로 "괜찮아!" 하고 말해보세요. "괜찮아. 이런 것쯤은 아무것도 아냐!"라고 내면을 향해 진심으로 속삭여주세요. 스트레스가 오고 짜증이 나는 상황이 가라앉을 것입니다. 그렇게 함으로써 부정적인 생각에서 자유로워짐을 느끼게 됩니다. 저는 스트레스 상황을 만나면 "괜찮아!"라는 말을 습관적으로 합니다. 그러면 힘들고 괴로웠던 스트레스가 훨씬 가벼워집니다.

어느 날 한 교육 에이전시 업체에서 우리 회사 프로그램으로 경쟁 프레젠테이션을 했는데 교육 업체로 지정받지 못했다며 죄송하다고 전화가 왔습니다. 사장님이 정말로 미안해하셨습니다. 하지만 저는 "괜찮습니다. 다음에 더 좋은 일이 생기려고 그러는 겁니다!"라고 확신을 갖고 말했습니다. 그러자 교육 에이전시 업체의 사장님 역시 미안해하지 않고 "다음에 더 좋은 소식을 전하겠습니다"라고 기분 좋게 전화를 끊었습니다. 그 후 그 업체는 정말로 좋은 소식을 전해왔습니다. 실제로 "괜찮아"라는 말로 충분히 해결할 수 있다는 확신만 가져도 좋은 느낌이 올라오면서 긴장이 누그러지고 스트레스가 순식간에 사라지는 경험을 할 수 있습니다.

'괜찮다'는 말은 스트레스가 온 상황에서도 그 스트레스를 어느 정도 약화시킵니다. 즉 불편한 상황이나 화나는 상황을 인정하면서 그 느낌을 최소화하려고 노력하기 때문입니다. 그렇지만 이 말은 결국 스트레스를 스트레스로 인정하는 것입니다. 하지만 스트레스를 있는 그대로 인정하는 것만으로는 스트레스에서 완전히 자유로울 수 없습니다.

더 근본적으로 스트레스에서 자유로워지려면 '스트레스는 가짜!'라는 확신을 가져야 합니다. 나는 스트레스를 받는 나약한 존재가 아니며, 늘 평화롭고 즐겁고 느긋한 것이 내 본래 성품이라는 확신 말입니다. 항상 행복을 누리는 사람에게 스트레스는 가짜입니다. 어릴 때는 도깨비가 나타날까 봐 무서워했을 수 있지만 어른이 되면 도깨비를 무서워하지 않는 것과 마찬가지입니다. 두려워하는 것은 나에게 나타나지만, 관심을 두지 않으면 나에게 영향을 미치지 않는 것과 같습니다. 아인슈타인이 말한 "문제가 발생한 시점의 의식보다 더 높은 의식이 아니고는 그 문제를 해결할 수 없다!"라는 말을 되새겨볼 필요가 여기에 있습니다.

불면증인 사람에게 "불면증이 얼마나 고통스러운지 알고 있어요.

힘드시죠!"라고 얘기해봐야 그가 불면증에서 벗어나는 것은 아닙니다. 이럴 땐 "잠을 못 자서 어떡하지?"가 아니라, "불면증은 진짜가 아니라 가짜야. 나폴레옹, 에디슨, 처칠은 하루에 서너 시간만 자고도 위대한 업적을 남겼어. 서너 시간은 잘 수 있다면 그건 진짜 불면증이 아니야"라고 자신에게 말해주는 겁니다. 이런 말을 꾸준히 반복하면 어느새 부정적인 생각이 마음속에서 사라지고 편안하게 잠을 잘 수 있게 됩니다.

오늘부터는 스트레스 상황이 올 때 "괜찮아!" 또는 "스트레스는 가짜야"라고 말하며 스트레스가 저절로 사라지도록 시도해보면 어떨까요? 처음에는 다소 어색하겠지만, 스트레스를 스트레스로 느끼지 않는 연습을 반복하다 보면 쉽게 스트레스에 시달리지 않게 되는 것을 느낄 수 있을 겁니다. "아! 이젠 나도 사소한 것 때문에 스트레스를 받지 않게 되었구나!"라는 마음의 긍정적 변화를 체험해보세요. 스트레스를 가볍게 대할 수 있는 능력이 계발되면 민감한 반응을 보였던 마음이 느긋하고 평화로워질 것입니다.

스트레스는 남이 주는 것이 절대 아닙니다. 스트레스라고 마음이 받아들일 때 스트레스로 작용하는 것일 뿐입니다. 오늘 이 순간부터라도 스트레스가 느껴지면, 이 상황을 나를 괴롭히는 원흉이 아니라 나를 강하게 만드는 기회로 생각해보는 것은 어떨까요? 그러면 스트레스는 슬그머니 꼬리를 내리고 물러나기 시작합니다.

❶ 지금 나에게 스트레스를 주는 사람이 있는가? 그런데 정말 그 사람이 스트레스의 원인인가?

----

❷ 내가 자주 겪는 스트레스 상황에 처했을 때 그 상황에 휘둘리지 않고 스트레스를 사라지게 하려면 어떻게 대응하면 좋을까?

즐겁게 몰입하면
저절로 행복해진다

원래 내 사업 방식의 핵심은 '재미'였다.
나에게 재미란, 시작부터 모든 것을 풀어 나가는 열쇠다.
지금도 앞으로도 영원히 변하지 않을 것이다.

– 리처드 브랜슨(버진 그룹 창업자)

고등학교 시절, 주변 아이들이 시험공부를 할 때 어떻게 하는지 유심히 관찰해본 적이 있습니다. 기말고사가 다음 주 월요일로 다가온 토요일과 일요일의 풍경입니다.

어떤 아이는 시험 스트레스를 잊으려고 만화책을 읽거나 딴짓을 합니다. 물론 중간 중간에 "아! 시험공부 해야 하는데" 하고 걱정을 하기는 합니다. 그러나 만화책을 덮고 나면 "아, 공부해야 하는데"라고 더 큰 소리로 외칩니다. 그러면서 속으로는 걱정이 점점 더 커집니다.

또 다른 부류의 아이들은 불안함을 이기려고 함께 모여서 시험 걱정만 하며 잡담을 나눕니다. 책을 손에 잡고는 있지만 시험 걱정 때문에 집중하지 못하고 시간만 보내는 아이들입니다.

가장 현명한 아이는 시험을 걱정하는 것이 아니라 그냥 몰입합니다. 자기에게 주어진 시간과 취약 과목, 강점 과목에 대한 시간 배분을 정해놓고 집중해서 공부합니다. 이런 아이는 시간 가는 줄을 모릅니다. 그리고 그 몰입이 끝나는 순간 내일 볼 시험에 자신감이 넘치게 됩니다.

빌 캐포더글리와 린 잭슨이 펴낸《픽사웨이》라는 책에 이런 내용이 실려 있습니다.

최근 갤럽의 한 연구에 따르면, 직원들은 크게 세 가지로 분류된다. '애착형', '비애착형', '불만족형'이 바로 그것이다. 첫째, '애착형' 직원은 일에서 행복감을 느끼고, 직업에 애착을 가지며, 회사와 깊은 유대를 가진다. 대부분 이들이 혁신을 이끈다. 반면 두 번째인 '비애착형' 직원은 '마음이 떠난' 사람들로서, 온종일 몽유병에 걸린 것처럼 에너지나 열정 없이 그저 시간을 때우는 사람들이다. 하지만 본인이 '회사에 애착이 없다'는 사실을 스스로 떠들고 다니지는 않는다. 마지막으로 마지못해 회사에 다니는 '불만족형' 직원들은 '비애착형'과 비슷한데, 이들은 스스로 불행할 뿐 아니라 공공연히 자신의 불행을 표출한다. 그 연구가 내린 결론은 이렇다.

아마도 쉽게 예상할 수 있는 일이지만, '애착형' 직원들이 더 생산적이고 더 많은 이윤을 창출하며 고객과의 관계도 더 돈독하다는 것이다. '애착'의 강도가 낮은 직원들(비애착형, 불만족형)보다 회사에 다니는 기간 역시 더 길다. 또한 그들이 가진 직장에 대한 애착은 '새로운 사고'를 촉진하기 때문에 업무 프로세스는 물론이고 고객 서비스까지 향상시키는 강력한 동인으로 작용하는 것으로 조사되었다. 문제는 '애착형' 직원이 그리 많지 않다는 것이다. 갤럽의 조사에 응한 1000명의 직원들 중 겨우 29퍼센트만이 자신을 '애착형'이라고 여겼고, 56퍼센트는 '비애착형', 15퍼센트가 '상당한 불만족형'이라고 답했다고 한다. 당신은 어떤가?

열광적인 스포츠 팬을 한번 떠올려보기 바랍니다. 진정한 팬은 시계를 들여다보거나 졸지 않으며 경기가 끝나기를 기다리지 않습니다. 지루해하지 않습니다. 좋아하는 가수의 콘서트에서는 누구나 열광적으로 행동합니다. 아주 친한 친구와 함께 저녁식사를 할 때는 눈 깜짝할 사이에 서너 시간이 훌쩍 흘러가버립니다. 시간 가는 줄 모르고 이야기에 빠져서 좀 더 오랫동안 함께 있고 싶을 것입니다. 시험 기간에 걱정하는 대신 공부에 몰입하는 학생과 일에서 행복을 찾고 직업을 사랑하고 회사와의 유대감을 가진 직장인, 그리고 좋아하는 취미에 자발적으로 동참하는 이들에게는 공통점이 있습니다. 모두 자기가 하는 일에 즐겁게 미쳐 있다는 것입니다.

'몰입의 즐거움'이라는 단어를 기억하는 것은 아무런 의미가 없습니다. 저는 몰입의 정의와 이론 그리고 이해하는 것에는 흥미가 없습니다. 시중에 넘쳐나는 책으로 지식을 쌓아봤자 아무런 소용이 없습니다. 몰입을 자기 자신에게 적용해서 내면의 무한한 능력을 발휘하는 체험을 하는 것이 무엇보다 중요합니다.

실제로 몰입은 우리가 자주 경험했던 것입니다. 어릴 때 만화에 빠져서 웃고 울면서 시간 가는 줄 몰랐던 일, 무협지에 파묻혀 무림 고수와 자신을 동일시하면서 밤을 꼬박 새웠던 일 등등 곰곰이 생각하면 의외로 몰입의 즐거움을 맛보았던 적이 많을 것입니다. 그런데 어느 때부터인지 한 가지에 푹 빠져 시간을 보냈던 기억이 점점 줄어듭니다. 왜일까요? 생각이 많고 고민이 많아서일까요? 아니면 우리가 사는 지금의 환경이 한 가지에 집중하거나 몰입할 수 없게 만들 만큼 복잡해서일까요?

일을 할 때도 집중하기가 쉽지 않습니다. 책상 위에 할 일이 가득 쌓여 있습니다. 상사가 지시한 일은 물론이고, 내가 먼저 처리해야 할 일, 때로는 부하 직원의 일을 도와주어야 할 상황도 생깁니다. 그러다 보니 하나하나 일을 처리해내는 것일 뿐, 그 일에 완전히 몰입하지는 못합니다. 최근에 미친 사람 소리를 들을 만큼 한 가지 일에 몰입해 본 적이 있습니까? 혹시 일에 잘 몰입하지 못하고 계속 산만하게 급한 일만 처리했다면, 그 이유는 무엇일까요?

이유는 간단합니다. 만화나 무협지 등은 부담 없이 즐길 수 있는 것이라는 생각이 우리 마음속 깊이 자리하고 있습니다. 생각만 해도 즐거운 일이니 그 행위를 하는 동안 즐거움이 계속해서 마음속에 있고, 그래서 몰입하기가 더욱 쉽습니다. 결국 몰입할 대상에 대한 즐거운 기억과 경험이 더욱 더 그 일에 몰입할 수 있게 만드는 것입니다.

아침에 눈을 뜰 때 자기도 모르게 '아! 피곤해, 회사 가기 싫다' 하고 중얼거리게 되는 날이 있습니다. 이는 우리 마음속에 '일은 고통'이라는 생각이 깊게 자리하고 있기 때문입니다. 이나모리 가즈오가 쓴 《왜 일하는가》라는 책에는 다음과 같은 내용이 실려 있습니다.

남태평양에 위치한 뉴브리튼 섬에 사는 부족민들은 '열심히 일해야 좋은 마음이 우러난다', '좋은 일은 좋은 생각에서 생겨난다'는 마음가짐으로 살아간다. 그들에게는 '일은 힘든 것'이라는 개념 자체가 없다. 그들에게 일은 인격을 수양하는 과정일 뿐이다. 그들은 밭의 배치, 작물의 수확, 땅의 냄새로 농사를 평가한다. 그들은 이렇게 좋은 냄새가 나는 밭을 가꾸고 농사를 잘 지은 사람을 칭찬하고, 그의 인격을 높이 평가한다. 반면 인류에게 근대 문명을 안겨준 서양은, 일은 책임이자 짐이라고 여겨왔다. 구약성서에 나오는 아담과 이브의 이야기를 보면 인류의 시초인 그들은 신이 금지한 선악과를 먹은 죄로 에덴동산에서 추방되었다. 그 뒤 먹을 것을 구하기 위해 일하지 않으면 안 되었다. 이 이야기에서 알 수 있듯이 서양 사람들은 인간이 원죄 때문에 노동이라는 의무를 떠안았고,

그 때문에 일을 한다는 책임의식이 강하다. 다시 말해 서양 사람들은 일이란 책임이 수반된 의무 행위이자 빨리 덜어내야 하는 짐으로 여긴다.

일에 피곤을 느끼고 일이 싫어지는 이유는 나도 모르게 일에 대한 부정적인 인식을 받아들이고, 그 인식이 내면에서 나를 지배하도록 내버려두었기 때문입니다. 다시 말해 스스로 일하는 즐거움을 없애버린 것이지요. 일에 즐겁게 몰두하려면 일에 대한 부정적인 생각, 즉 일은 피곤한 것, 의무적인 것, 먹고살기 위해 어쩔 수 없이 하는 것이라는 생각을 지워버려야 합니다.

인간에겐 본래 몰입할 수 있는 능력이 갖추어져 있습니다. 자기 일에 깊게 빠져들 수 있는 능력 말입니다. 그 능력을 잊고 있었을 뿐이고, 단지 습관화하지 않았을 뿐입니다. 몰입을 하면 힘들고 피곤하다는 생각이 사라지고 내가 하는 일이 즐거움으로 바뀝니다.

저는 전철을 타고 출퇴근을 합니다. 전철 안에서 매일 왕복 두 시간 내외를 보내게 되는데, 이 시간에 어떤 글을 쓸지 아이디어를 떠올리면서 메모를 하곤 합니다. 때로는 원고를 수정하기도 합니다. 그런데 신기하게도 편도 한 시간 정도의 시간이 단 5분처럼 짧게 느껴지는 경험을 자주 합니다. 아이디어를 떠올리거나 원고를 수정하는 데 몰입하는 순간 언제 한 시간이 흘러갔는지 모를 정도가 됩니다. 바로 그 순간, 몰입하는 순간에 맛보는 행복감은 이루 말할 수 없습니다.

몰입이 가져다주는 첫 번째 혜택은 시간과 공간을 의식하지 않고 현실 문제에서 완전히 벗어나 '내면의 무한 능력을 체험할 수 있다는 것'입니다. 더불어 잘 풀리지 않던 문제들이 한 번에 해결되는 경험도 할 수 있는데, 이때 느껴지는 상쾌함과 희열은 체험해본 사람만이 알 수 있습니다.

두 번째 혜택은 몰입을 자주 체험할수록 '일에 대한 스트레스가 말끔히 사라진다는 것'입니다. '과연 이 일을 잘할 수 있을까?' '힘들지 않을까?' '실패하면 어떡하지?' 등의 잡념이 떠오르는 것은 그 일에 집중하지 않기 때문입니다. 일에서 스트레스를 받는 이유는 스스로 만들어놓은 느슨함과 게으름이 마음속에 자리 잡고 있기 때문이기도 합니다. 느슨함과 게으름은 겉으로는 편안한 것처럼 보이지만, 그 이면의 마음은 불안함과 걱정으로 가득할 때가 많습니다. 일에 대한 중압감은 일을 미룰수록 두려워지고 피할수록 커집니다. 일에 몰입하면 회피로 인한 불안감과 중압감을 단번에 날려버릴 수 있습니다. 또한 몰입 체험을 자주 할수록 일하는 속도가 빨라지고 성과도 좋아집니다. 그러다 보면 무기력을 느낄 시간조차 없어집니다.

몰입은 몇몇 한정된 천재에게 주어진 능력이 아닙니다. 몰입은 누구나 할 수 있습니다. 그래서 몰입의 즐거움이 가져다주는 희열 또한 누구나 느낄 수 있습니다. 매일 아침 9시에서 저녁 6시까지 의무감만으로 일하면 행복하지 않습니다. 단지 돈 때문에 노동력을 제공하는, 일하는 기계로 자기 자신을 평가절하하는 사람이라면 당연히 일함으로써 누리는 행복은 느낄 수 없습니다.

몰입을 습관화하면 일이 즐거워지는 변화를 경험하게 됩니다. 또한 마음속 깊은 곳에 숨어 있던 일을 피하고 싶은 마음, 게으름 부리고 싶은 마음을 없애줍니다. 일에 대한 스트레스 또한 자연스럽게 사라집니다. 마음이 즐거우면 일도 즐거울 수밖에 없습니다. 어느새 콧노래까지 부르면서 즐겁게 일하는 자신의 모습을 발견하게 됩니다.

하지만 일에 몰입하지 못하는 사람은 일이 즐겁지 않기 때문에 늘 일에 치이거나 일 때문에 피곤하고 지칩니다. 그러니 스트레스도 쌓이고 짜증도 많아집니다. 내면에서 즐거움이 사라졌기 때문입니다.

그렇다면 내면의 즐거움을 되찾기 위해서는 어떻게 해야 할까요? 우선 아무 생각도 하지 말고 일에 즐겁게 미쳐보려는 시도부터 해보는 겁니다. 흔히 일에 몰입하지 못하고 시간을 보내는 사람을 슬로스타터Slow starter 라고 합니다. 일에 미치기는커녕 일을 준비하다가 시간을 다 보내버리는 사람을 일컫습니다. 일을 하려면 지금 즉시 즐겁게 그냥 일에 몰입하는 습관을 들이는 것입니다. 신나는 해외여행을 떠난 것처럼 자기 일에 즐겁게 미쳐보세요.

일에서 몰입의 즐거움을 누리게 되면 걱정은 사라지고 평화가 찾아옵니다. 몰입으로 자신감이 넘치는 사람과 머뭇거림으로 불안이나 긴장에 휩싸인 사람은 비교할 수 없을 만큼 모든 면에서 다릅니다. 몰입하는 습관은 내가 하는 어떤 일도 즐거움으로 바뀌게 합니다. 그래서 힘들이지 않고도 쉽게 목표를 달성할 수 있습니다. 그리고 주변에 사람들이 모여듭니다. 나는 즐겁게 일할 뿐인데, 사람들이 나를 인정하고 좋아합니다.

다음에 '회사 생활을 좀 더 즐겁게 하기 위한 긍정적인 자기 암시문'을 소개합니다.

> 내 마음속 깊이 새겨진 신념은 곧 현실이 된다.
> 나는 내 일에 늘 고마움을 느낀다.
> 일을 고맙게 대하니 일할수록 즐거움이 넘친다.
> 즐거움은 즐거움을 낳으니 일하는 동안 시간 가는 줄 모르고 집중이 잘된다.
> 어떤 일이든지 목표한 것을 짧은 시간 내에 손쉽게 이루어낸다.
> 언제나 일의 결과가 좋으므로 일에 대한 스트레스는 사라지고,
> 일에 대한 자신감이 차오른다.
> 그래서 나는 회사 생활이 기쁘고
> 동시에 주변 동료들을 도와 그들의 사랑도 받는다.
> 아! 일이 즐겁다.
> 아! 동료들이 좋다.
> 아! 회사가 고맙다.

이렇게 마음속에 일에 대한 몰입의 즐거움을 심어주는 것이 일에서 행복을 누리는 좋은 방법입니다. 일의 성취도를 결정짓는 것은 재

능이 아니라, 일을 해내려는 마음가짐이기 때문입니다.

회사 생활에서 즐거움을 누리려면 직장에서 마음이 떠난 '비애착형'이나 마지못해 회사에 다니는 '불만족형' 인간에 머물러서는 안 됩니다.

누구에게나 일에서 행복을 느낄 수 있고, 자기 직업을 사랑하고, 회사와 깊은 유대를 맺을 수 있는 능력이 있습니다. 일에 대한 몰입의 즐거움은 이렇게 일에서 행복을 느끼는 '애착형' 직원으로서의 나를 발견하는 의미도 갖게 해줍니다.

더 나아가 일에서 행복을 느끼는 마음의 습관이 무의식 속에 자리 잡게 되면, 일과 더불어 삶의 질이 즐거움으로 바뀐 만큼 한 차원 높은 행복을 누릴 수 있게 됩니다.

* Self Question, Self Thinking *

❶ 현재 나는 일등 인재인가? 아니라고 생각한다면, 그 이유가 외부에 있는가? 아니면 내 마음가짐 때문인가?

----

❷ 혹시 내가 '비애착형' 또는 '불만족형' 직원이라면, '애착형' 직원이 되기 위해 지금 이 순간부터 어떤 마음으로 일해야 할까?

3장

타인은 바꿀 수 없지만,
나는 바뀔 수 있다

나는 정말 행복한가 ?

내 마음과 몸이
원하는 것은 무엇일까?

감정은 우리가 뭘 생각하는지 알게 해주는 멋진 선물이다.
당신은 '생각하는 것'보다 '느끼는 것'을 받게 된다.

– 밥 도일

　　사소한 일에도 불안함을 자주 느끼는 사람이라면 '이완반응relaxa-
tion response'이 생기는 다음의 글을 천천히 음미하면서 읽어보세요. 글
에서 떠오르는 이미지와 그 이미지가 주는 평화로움에 집중해서 말
입니다.

정원의 정경
　　나는 눈부신 빨간 태양이 지평선 너머로 저물고 있는 것을 응시
하고 있다.

자, 눈을 감으라. 선명한 초록색 나뭇잎이 달빛에 반짝이는 것이 보인다. 나는 갑자기 몇 킬로미터에 걸쳐 펼쳐진 널따란 정원에 서 있다. 때는 한밤중이고 계절은 한여름이다. 달은 보름달로 은빛으로 반짝이며, 하늘은 맑고 별이 총총하다. 따뜻하고 상쾌한 공기가 대기를 감싸고 있다. 산들바람이 나뭇잎을 흔들며 지나가고, 그 소리가 나지막하게 들려온다.

열매가 달린 키 큰 오렌지나무가 양쪽으로 늘어선 길을 나는 걷고 있다. 오렌지 열매는 달빛을 받아 반짝반짝 빛난다. 짙은 초록색 이파리 위에 선명하게 오렌지 빛이 드리워져 있다. 오렌지는 어느 것이나 알맞게 익은 채 가지에 주렁주렁 매달려 있다. 땅바닥에도 떨어져 있다. 오렌지의 달콤한 향기가 사방에서 풍겨온다. 손을 뻗쳐 오렌지를 줍는다. 반들반들한 껍질을 느낀다. 껍질을 벗긴다. 알맹이의 부드럽고 촉촉한 감촉을 느낀다. 오렌지를 씹어본다. 오렌지의 달콤한 과즙이 입안에 가득 찬다.

다시 걷는다. 두 갈래 길이 나타난다. 오른편 길로 꺾어져 양편에 레몬나무가 즐비하게 서 있는 길을 택한다. 레몬을 하나 따서 껍질을 벗긴다. 시큼한 레몬 향기가 풍겨온다. 레몬을 씹는다. 시큼한 즙이 입안으로 흘러들어오자 볼이 오므라들며 침이 흐른다.

계속 걷는다. 하얀 대리석으로 된 기다란 내리막 계단이 나타나 달빛에 반짝이고 있다. 그 계단을 내려가기 시작한다. 한 계단씩 내려갈 때마다 점점 긴장이 풀려간다. 제일 끝 계단으로 내려섰을 때는 깊게 릴랙스 된 상태에 빠진다. 나는 계단의 제일 밑에 서 있다. 눈앞에는 대리석으로 만들어진 커다란 풀이 있다. 풀 둘레에는 빨간색, 흰색, 그리고 노란색 장미꽃이 달빛에 벨벳처럼 부드럽게 빛나며 밤이슬에 촉촉이 젖어 있다. 장미꽃의 감미로운 향기가 사방으로 흐른다. 옷을 벗어라. 풀의 차가운 물속으로 미끄러져 들어간다. 수면에는 장미꽃잎이 가득 떠 있다. 장미꽃 향기가 나는 물 위에 드러누워 별을 보며 떠 있다.

자, 이세 물에서 나온다. 신선한 밤공기가 젖은 살갗에 닿고, 등에는 차가움이 부딪혀온다. 온몸에 소름이 돋는다. 감미로운 연기 냄새가 난다. 냄새가 나는 쪽을 돌아본다. 풀 건너편 저 멀리에 숲이 보인다. 그쪽을 향해 걷는다. 나무들 사이를 빠져나간다.

그러자 눈앞에 큼직한 모닥불이 피워져 있다. 모닥불에서 가을 내음이 난다. 당신은 따뜻한 낙엽 위에 눕는다. 밑에서는 감미로운 대지의 향기가, 위에는 별빛 총총한 밤하늘이 있다.

나는 한여름 밤에 황홀한 꿈속을 표류해간다.

이 글은 미국의 심리학자이자 대인관계와 스트레스 분야의 권위자인 윌리엄 페즐러가 쓴《삶을 변화시키는 이미지 창조》의 내용 가운데 일부입니다. '정원의 정경'이라는 제목의 이미지 요법으로 깊은 안정과 편안한 잠을 취하는 데 효과가 좋은 내용입니다. 이 이미지 요법을 계속하면 집중력이 높아지고 마음을 평온하게 유지할 수 있습니다.

평소에 민감한 성격이라고 생각하는 사람이라면 이 글을 느낌을 살려서 읽어보기 바랍니다. 마치 정원의 정경 속에 자신이 있는 듯 생생하게 느껴보세요. 그러면 마음이 이완되면서 기분이 상쾌하고 평화로워지는 것을 느끼게 될 겁니다. 반복해서 꾸준히 하게 되면 불안을 느끼는 반응이 점차 완화되는 효과를 볼 수 있습니다. 실재감을 불러일으키는 평화로운 이미지와 그에 수반되는 느낌이 현실에서 경험하는 것과 유사한 효과를 낳기 때문입니다. 시큼한 레몬을 떠올리기만 해도 뇌가 반응하여 실제로 레몬을 먹을 때처럼 입안에 침이 고이게 되는 것처럼 말입니다.

하버드 대학교 의과대학을 졸업한 심장 전문의인 허버트 벤슨 박사는 약물에 의존하는 서구 의학과 그로 인한 부작용을 직접 목격한 후, 몸과 마음의 상응 관계에 초점을 맞춰 다양한 연구를 진행했습니다. 이를 통해 밝혀진 것을 《이완반응》(국내 번역본 제목은 《마음으로 몸을 다스려라!》)이라는 책에 소개했는데, 질병의 약 80퍼센트는 이완반응으로 치료할 수 있다는 내용입니다. 그는 이러한 연구 결과를 여러 의학 잡지에 게재하여 의학계의 주목을 받았습니다. 이 책에서 벤슨은 이완반응의 의미를 이렇게 설명합니다.

불안정한 직장, 과중한 업무, 사회 관습의 급격한 변화 등 현대 산업 사회를 살면서 우리는 수많은 스트레스 상황에 직면한다. 자극적이고 지속적인 스트레스 상황에 놓이면 우리는 예측 가능한 방향으로 반응한다. 즉 인체에는 스트레스 상황에 반응하는 생리적인 기능이 내재해 있다. 우리는 그 기능을 '싸우거나 도망가는 반응 fight or flight response'이라고 부른다. 이 반응은 우리로 하여금 그 상황에 맞서거나 도망갈 태세를 갖추게 해준다. 이때 우리 몸에는 혈압이 높아지고 숨이 가빠지며 심장 박동이 빨라지고 근육의 혈액 양이 늘어나며 신진대사율이 증가하는 생리 반응이 나타난다. 동물을 보면 이러한 본능적인 싸우거나 도망가는 반응이 좀 더 뚜렷이 나타난다. 고양이는 어떤 위협에 직면하면 등을 활처럼 휘고 털을 곤두세우며 싸우거나 도망갈 태세를 취한다. 화가 난 개는 동공이 커지면서 으르렁거린다. 다윈은 싸우거나 도망가는 반응을 적절하게 활용하느냐, 못 하느냐에 따라 삶과 죽음이 나뉘는 상황을 '생존을 위한 투쟁'이라고 표현했으며, 우리 모두는 그 투쟁의 장에서 진화했다. 문제는 싸우거나 도망가는 반응이 원래 용도대로 쓰이지 못한다는 점이다. 현대 사회의 여러 조건들이 싸우거나 도망가는 반응을 용납하지 않기 때문이다. 싸우거나 도망가는 반응이 촉발되는데도 그것을 분출하지 못하는 상황이 되풀이되면 심장병이나 뇌졸중에 걸릴 가능성이 높아진다. 인체 내에 싸우거나 도망가는 반응이 존재한다면 그와 상반된 기능을 하는 반응도 존재할까? 그렇다. 인간의 신체는 과도한 스트레스를 극복하는 기능을 지닌 방어 체계를 선천적으로 갖추고 있다. 즉 싸우거나 도망가는 반응의 부적절한 촉발로 인해 야기되는 부정적인 영향력을 상쇄해주는 기능

또한 지니고 있는 것이다. 그 반응이 유발되면 혈압이 낮아지고 호흡량이 감소하며 신진대사율이 떨어지는 등의 생리적 변화가 나타난다. 이를 통해 우리 육체는 건강한 균형을 되찾을 수 있게 되는 것이다. 이것이 이완반응이다.

스트레스로 인한 짜증과 불안 때문에 지금 마음이 힘든가요? '아, 정말 미치겠다', '아, 그만두고 싶다. 어디론가 멀리 떠나고 싶다'는 생각을 자주 하나요? 그렇다면 오늘부터는 마음속 깊이 스며들 수 있는 평화로운 말을 속삭여주세요! 힘들어하는 마음이 쉴 수 있도록 말입니다. 스트레스에 반응하는 것이 아니라, 마음을 느슨하게 풀어주는 것입니다.

며칠 전에 오랜 친구와 통화를 했습니다. 친구는 아직은 젊은 나이라고 할 수 있는 쉰 살밖에 안 됐지만, 고혈압을 앓고 있습니다. 그런데 성격상 옳지 못한 일을 보면 그냥 지나치질 못합니다. 하지만 마음은 여리고 착해서 화가 나도 잘 표현하지 못하고 상대가 어떻게 생각할지 늘 신경을 씁니다. 최근에는 직장 상사와 관계가 불편해서 스트레스에 시달린다고 했습니다. 게다가 막내 동생이 운전 중 갑자기 의식을 잃고 쓰러져 병원에 실려갔는데, 50일이 넘도록 의식을 되찾지 못하고 있다고 합니다. 남의 이야기로만 들리지는 않습니다. 실제로 기업에서 일하다가 갑자기 쓰러지는 직원들도 꽤 있다고 합니다.

허버트 벤슨은 싸우거나 도망가는 반응이 부적절하게 자주 촉발되면 고혈압 상태에 이르게 되고, 결국 심장마비나 뇌졸중 같은 치명적인 질환이 올 확률이 높아진다고 여러 차례 지적했습니다. 그리고 이완반응이 싸우거나 도망가는 반응을 억제하는 작용을 하므로 이완반응을 규칙적으로 유발시키면 고혈압 환자의 혈압을 내릴 수도 있다고 했습니다. 특히 비교적 가벼운 고혈압에는 이완반응을 정기적으로 유발시키는 치료가 진가를 발휘한다고 합니다.

과다한 업무에 대한 부담감, 매일 반복되는 긴 회의, 잦은 회식과 늦어지는 퇴근 등으로 불편해진 마음은 마치 팽팽하게 당겨진 거문고의 줄과 같아서 작은 일에도 민감하게 반응합니다. 그러다가 어느 순간에 갑자기 끊어질 수도 있습니다. 거문고의 줄을 적절히 풀어주면 맑고 아름다운 소리가 납니다. 마찬가지로 사람의 마음도 느긋하게 누그러뜨려야 합니다.

여러분은 하루 중 언제 가장 편안합니까? 많은 사람이 잠자리에 들 때라고 말합니다. 그때 생각이 비로소 쉴 수 있기 때문일 겁니다. 그런데 그때조차 오늘 힘들었던 일, 스트레스 받았던 일을 떠올리는 사람이 많습니다. 그러지 말고 마음이 평화롭고 행복해지는 '정원의 정경'과 같은 글을 천천히 읽어보세요. 녹음해두었다가 잠자리에 들 때 틀어놓는 것도 좋은 방법입니다. 아침에 눈을 뜰 때도 바로 일어나지 말고 나를 행복하게 하는 말을 듣고 일어나보세요.

저는 잠들기 전과 잠에서 깬 이후에는 말할 것도 없고, 하루에 서너 번은 업무 시간에도, 아이디어가 필요할 때에도, 잠깐 졸음이 오면

졸면서도 5분 정도씩 이완을 합니다. 앞에서 소개한 '정원의 정경'도 좋지만, 저는 특별히 어릴 때 실제로 체험한 생생한 장면을 떠올립니다. 강원도 시골 고향 마을 앞에 드넓게 펼쳐진 보리밭, 그리고 그곳을 지나가는 바람을 생각합니다. 바람에 일렁이는 보리밭의 아름다운 물결을 그려보면서 긴장을 풉니다. 이렇게 이완을 하는 동안 입에는 단침이 고입니다. 두뇌의 혈관이 이완되면서 머릿속이 맑아지고 시원해지는 느낌이 듭니다. 동시에 호흡할 때도 달디단 느낌을 받게 됩니다. 단 5분 정도의 이완에도 깊은 단잠을 잔 듯한 달콤하고 상쾌한 기분이 드는 것이지요. 일요일 낮, 걱정과 근심을 안은 채 서너 시간 낮잠을 자고 깨어났을 때의 찜찜한 기분과는 바꿀 수 없는 아주 산뜻한 느낌입니다.

이완이 불러오는 효과는 대단히 강력합니다. 마음이 제대로 이완되면 스트레스 상황이 와도 부정적인 생각이 들지 않습니다. 오히려 느긋한 마음이 들면서 자신감이 생기게 됩니다.

인간에게는 본래부터 평화롭고 자신감 넘치고 행복하게 살 수 있는 능력이 있습니다. 그러나 오늘날 많은 이들이 이러한 본모습을 잃어버린 채 힘들고 외롭고 지친 삶을 살고 있습니다. 그리고 그 스트레스를 술이나 담배 등을 하며 일시적이나마 풀려고 시도합니다. 그러나 그런 것들로 해소한들 마음의 불안은 사라지지 않습니다. 오히려 늘어날 것입니다. 그 대신 평화로운 생각을 자주 하고 그 느낌에 몰입해보세요. 쫓기듯 살아온 삶에서 여유로운 삶으로 궤도 수정이 일어나게 될 것입니다.

사실 계속 꼬리에 꼬리를 물고 일어나는 걱정의 흐름을 멈추기는 어려운 일입니다. 생각을 멈출 수는 없기 때문입니다. 그러나 평화로운 생각을 반복할수록 민감하고 불안한 생각은 사라집니다. 마치 흙탕물에 맑은 물을 계속해서 부어주면 흙이 물과 함께 흘러넘쳐 마침내 맑은 물이 되는 이치와 같습니다. 마음속 깊이 느긋하고 평화로운 느낌이 스며들도록 반복해서 그런 말을 들려주세요. 반복해서 들어야 실제로 내가 그 현장을 체험하는 주인공처럼 생생하게 느낄 수 있습니다. 불면증, 과민성 대장염, 속쓰림 등은 스트레스에 민감한 사람임을 몸의 증상으로 알려주는 신호입니다. 이완을 통한 평화로운 마음은 이러한 증상을 저절로 사라지게 만듭니다.

* Self Question, Self Thinking *

❶ 짜증이 날 때 나는 어떤 반응을 자주 보이는가? 이 반응을 지속하면 나의 몸과 마음은 어떻게 될까?

----

❷ 마음을 평화롭고 느긋하게 만들기 위해서는 어떤 방법을 시도해볼 수 있을까?

----

1. 느긋한 심성을 계발하려면 여유로운 정서를 자주 느끼는 방법
   이 최선이다.

1) 본문에 있는 '정원의 정경'을 내 목소리로 아주 천천히 녹음을 한다.

• 한 문장과 다음 문장 사이에 15초에서 30초 정도 사이를 둔다.

• 이 시간 동안은 한 문장을 음미하고 그 상황의 즐거운 느낌을 느
   낄 수 있는 시간이다.

2) 누구도 방해하지 않는 혼자만의 공간을 찾아가 가장 편안한 자세로
   눕는다.

• 불을 꺼서 모든 감각기관이 편히 쉴 수 있게 한다.

• 어깨와 머리까지 누울 수 있는 편안한 의자에 발 받침대가 있으
   면 좋다.

• 그 의자에 누워 온몸을 이완시킨다.

• 천천히 10초 내외로 숨을 들이마시고 내쉬기를 2~3분 정도 반
   복한다.

• 온몸이 이완되면 입이 약간 벌어지고 침이 고이게 된다.

• 머리와 몸과 팔다리와 심지어 몸속의 장기까지도 완전히 이완
   되도록 힘을 뺀다.

3) 눈을 감고 녹음기에서 흘러나오는 이야기를 실제로 내가 체험하고 있다고 느낀다.

- 정원의 정경에 묘사된 상황을 직접 체험하는 것처럼 느낀다.
- 이때 보고, 듣고, 촉감으로 느끼고, 냄새를 맡고, 실제로 행동하는 것까지 상상으로 체험한다.

2. 우울, 불안, 초조함을 사라지게 한다.

- 정원의 정경 등 평화로움을 떠올리면 우울, 불안, 초조함이 사라진다.
- 우울, 불안, 초조함이 사라지면 저절로 본래 내면의 즐겁고 느긋하고 여유로운 느낌이 나타난다.
- 매일 저녁 잠자리에서 실행하는 이완은 무의식의 민감한 경향성을 사라지게 한다.
- 민감함이 사라질수록 스트레스는 느껴지지 않게 된다.

먼저 들어주면
행복한 소통이 시작된다

사랑의 첫 번째 의무는
상대방에게 귀 기울이는 것이다.
– 틸리히

　우리 부부는 침대를 쓰지 않습니다. 신혼 초에는 아침을 평화롭게
시작한 날이 드물었습니다. 서로 의견이 맞지 않아서였습니다. 그것
은 서로 다른 습관 때문이었지요. 아내는 먼저 이불을 개고 방을 깨
끗이 청소한 다음에 아침식사를 하자고 하는 반면에, 저는 저녁에 돌
아오면 어차피 다시 이불을 펴고 자야 하는데 군이 바쁜 아침에 이불
을 갤 필요가 있느냐고 했습니다. 이불을 한쪽으로 밀쳐놓고 식사를
하자고 했지요. 청소도 아내는 매일 해야 한다고 했지만, 저는 일주
일에 한 번 정도 하는 것이 좋겠다는 식으로 팽팽히 맞섰어요. 그러

다 보니 매일 아침 다투었습니다. 그러나 지금은 아침에 아내가 이불을 개라고 하면 즉시 실행합니다. 물론 웃으며 "밤이 되면 다시 펼 건데……" 하면서도 즐겁게 실행에 옮깁니다. 어쩌다 아내가 아무 말도 하지 않으면 슬쩍 이불을 개지 않고 넘어가려고 합니다. 그러면 아내는 웃으면서 이불을 똑바로 요 위에 펼쳐놓고 출근하라면서 적당히 봐주기도 합니다.

우리가 이렇게 편안해진 것은 '내가 상대방의 의견을 받아들이면 상대방 또한 나를 존중해준다'는 지혜를 깨닫게 된 뒤부터였습니다.

모처럼 집에서 아내와 함께 저녁식사를 하는 날입니다. 늘 그렇듯이 TV를 앞에 두고 밥상을 마주하고 앉습니다. 그러면 아내는 직장에서 있었던 일이라든지, 딸아이가 상을 받아왔다든지 등등 오늘 있었던 일을 저에게 얘기합니다. 저는 아내의 말에 마지못해 "응응" 하면서도 관심은 9시 뉴스에 쏠려 있습니다. 그런데 어느 순간 조용해집니다. 순간 아내를 쳐다보면 아내는 이미 화가 나 있습니다. 몸은 식탁이라는 같은 공간에 있지만, 마음은 서로 딴 곳에 있습니다.

그러나 요즈음은 "아! 그래, 그것 참 잘했네" 하고 칭찬을 하기도 하고, "그렇게 되었구나. 그래도 자기가 잘 참았네!" 하고 맞장구도 칩니다. "야! 자기에게 그런 면이 있었군. 자기답게 역시 침착하게 잘 처리했어!" 하고 미소를 지은 채 적극적으로 눈을 마주치며 지지 의사를 표하기도 합니다. 그러면 아내는 천군만마를 얻은 듯 신이 나서 하루의 일상을 말합니다. 밥상에만 함께 앉은 것이 아니라, 마음으로 소통이 일어나고 있는 것이지요. 칭찬, 맞장구, 관심이라는 보이지 않는 소중한 마음의 교감이 아내와 남편 사이에 오갑니다. 식탁은 이제 소통이 오가는 기쁨의 자리입니다.

통계청의 2012년 사회 조사에 따르면, 가족 관계에서 부인에게 만족하는 남편의 비율은 71.8퍼센트였습니다. 반면에 "내 남편에게 만족한다"라고 응답한 부인은 59.2퍼센트에 그쳤습니다(《중앙일보》 2012. 12. 21.). 부인 열 명 가운데 네 명은 남편에게 행복감을 느끼지 못한다는 이야기입니다. 그 이유는 무엇일까요?

여러 가지 이유가 있겠지만 많은 부부들이 각자 일방적으로 자기 주장만 하다 보니 대화가 끊어지게 된다고 합니다. 대화를 하려고 하면 짜증부터 난다는 사람도 많습니다. 그래서인지 많은 남편들이 늦게 귀가하기 일쑤고, 그러면 아내는 술을 마시고 들어오는 남편에게 짜증을 냅니다. 남편의 늦은 퇴근과 아내의 반복되는 짜증이 서로를 더욱 힘들게 합니다.

회사에서만 혁신이 필요한 것이 아니라, 부부 관계에도 혁신이 필요합니다. 각자 자기주장만 내세워서는 절대 부부 관계가 발전할 수 없습니다. 다른 인간관계에서와 마찬가지로 아내를 만족시키는 것은 물질이 아니라 마음입니다. 아내를 사로잡는 가장 좋은 방법은 아내의 마음을 즐겁고 행복하게 만들어주는 것입니다. 아내의 이야기를 진지하게 들어주고 요구 사항이 있으면 바로바로 실행에 옮기는 것이지요. 물질로 때우는 것은 오래가지 않습니다. 그러나 마음을 사로

잡으면 행복해진 아내가 마음으로 나를 행복하게 해줍니다.

"제발 일찍 들어오세요"라거나 "술은 조금만 마시고 오면 좋겠어요"라고 아내가 간청한다면, 흔쾌히 들어주세요. 그런데 보통 남편들은 어떻습니까? "아니, 무슨 얘길 하는 거야? 퇴근 후에 술 한잔하는 건 일 때문이지, 좋아서 마시는 줄 알아! 나도 일찍 들어와 쉬고 싶다고!"라고 큰소리칩니다. 이런 팽팽한 줄다리기가 결혼 이후 계속 되풀이되고 있다면, 남편과 아내는 각자 외로움을 느끼며 자신은 물론 상대도 힘들게 할 것이 뻔합니다.

매일 밤늦게 귀가하던 남편이라면 일주일에 한두 번 이상은 일찍 귀가하려고 노력해보세요. 그렇게 함으로써 가족을 위해 헌신하는 아내의 요구를 들어주는 것입니다. 그러면 잊고 있던 따뜻하고 기쁘고 행복한 느낌이 아내의 마음에서 되살아나게 됩니다. 조금 일찍 들어와 아이들과 놀아주고 집안일을 조금만 거들어도 아내의 표정이 달라지고, 남편을 대하는 태도가 달라집니다. 남편의 작은 변화가 아내의 마음에 지속적인 안심과 신뢰를 가져다주게 되는 것이지요.

부부 사이에 되살아난 즐거움과 기쁨은 가정을 밝은 에너지가 넘치는 곳으로 바꾸어줍니다. 가장 먼저 아이들이 달라집니다. 부부가 행복하면 자녀들도 자연스레 안심하게 되고 평화와 행복을 만끽하게 됩니다. 서로 신뢰하고 소통하는 부모를 보며 자라는 아이들은 고민이나 불만이 생겼을 때 부모에게 쉽게 털어놓습니다.

또한 서로 소원했던 양가 방문도 즐거워집니다. 즐거움은 전염성이 있어서 주변 또한 즐거움으로 채우는 마력을 가지고 있기 때문입니다. 아내가 시집에만 가면 늘 시큰둥하던 것도 알고 보면 남편에 대한 미움 때문인 경우가 많습니다. 남편과 사이가 좋아지면 시부모에게도 다르게 대합니다. 또 남편도 "장인어른 장모님, 집사람을 이렇게 훌륭하게 키워주시고 저와 인연을 맺게 해주셔서 정말 고맙습니다. 저에게는 더할 나위 없는 행운입니다"라고 아내를 칭찬하며 감사 인사도 하게 되고요. 아내의 이야기에 귀를 기울이고, 아내가 원하는 일을 해보려는 자그마한 변화가 자녀에게는 밝은 마음을 주고, 나아가 시집과 처가 모두 평화로워지고 행복해지는 계기가 될 수 있습니다.

'이청득심以聽得心'이라는 말을 들어보셨습니까? '상대방의 말을 들어줌으로써 마음을 얻는다'는 뜻이지요. 그러나 좀 더 깊이 있게 해석해볼 필요가 있습니다. 상대방의 말을 들어준다는 것은 무엇일까요? 단순히 아내의 요구를 들어준다는 의미가 아닙니다. 아내의 내면에 존재하는 사랑이 밖으로 표출되도록 깊은 마음으로 이해하는 것을 의미합니다. 아내의 요구를 흔쾌히 들어주는 것은 단순히 환심을 사고 일시적으로 기분을 좋게 하려는 행동이어서는 안 됩니다. 계산된 행동은 일시적이고, 효과 또한 오래가지 않습니다. '내가 이것을 들어주었으니까 아내도 나의 이런 요구에 응해올 것'이라는 거래가 아니지요. 한두 번 베풀었다고 해서 뭔가를 기대하는 그런 얄팍한 계산이 아니라, 진심으로 아내의 요구를 들어준다는 것은 상대가 기뻐하는 것에 초점을 맞추고 아무 보답도 기대하지 않는 것을 말합니다.

부부가 완성된다는 것은 오랫동안 결혼 생활을 하며 터득한 서로에 대한 적당한 인정과 포기가 아니라, 조건 없이 베풀고 기뻐하는 마음으로 일관되게 서로 배려하고 존중하는 것입니다. 저는 이제 아내가 짜증을 내도 영향을 받지 않습니다. 아내의 어떤 행동에도 조건없이 지지하고 배려할 수 있는 마음이 있기 때문입니다.

아내가 오랜만에 걸려온 친한 친구와 전화 통화를 하고 있습니다. 웃기도 하고 한참 동안 얘기를 들어주기도 합니다. 모처럼 일찍 들어온 저는 배가 고픕니다. 그래서 점잖게 수화기 속 상대방이 들리지 않게 손짓 발짓으로 통화를 간단히 하라고 신호를 보냅니다. 아내는 알았다는 표정을 짓고 손사래를 치면서 곧 끊겠다는 신호를 보냅니다. 조금 더 참아봅니다. 하지만 점점 '참 모를 일이야! 여자들이란 무슨 할 얘기가 저렇게 많은지, 으이그!'라고 생각하면서 서서히 화가 나기 시작합니다. 아내는 모른 척 외면하고 할 말을 다한 다음에 끊으면서 "아니, 모처럼 친한 친구랑 통화하는데 조금만 참아주면 안 돼?" 하며 오히려 짜증을 냅니다. 그러면 저는 큰 소리로 "아니, 별일도 없이 안부 전화하는 거라면 금방 끊으면 되잖아!" 하고 화를 냅니다. 신혼 초의 이야기입니다.

그러나 이제는 아내가 아무리 길게 통화를 해도 짜증이 나지 않습니다. 아내가 오랜 친구와 통화하는 것은 무엇보다도 소중한 그녀만의 자유 영역이기 때문입니다. 그래서 짜증 내지 않고 재촉하지 않으면서 끝까지 기다려줍니다. 진정한 리더십이란, 상대방의 요구 사항에 귀 기울이고 최대한 들어주는 것이 기본이라고 할 수 있습니다. 아내가 홀로 외로운 섬으로 고립되어 있게 하지 않으려면 섬과 육지 사이에 소통의 다리를 놓아주면 됩니다. 아내의 이야기에 귀 기울이고 아내가 원하는 것을 적극적으로 들어주는 것이 바로 그 소통의 다리입니다.

* Self Question, Self Thinking *

❶ 나는 아내(남편)의 말을 들어주는 편인가? 아니면 내 얘기를 많이 하는 편인가?

----

❷ 아내(남편)를 조건 없이 사랑하기 위해서 먼저 시도할 수 있는 가장 효과적인 방법은 무엇일까?

조건 없이 마음을 열 때
교감이 이루어진다

진정한 사랑은
영원히 자신을 성장시키는 경험이다.
— M. 스캇 펙

지금 당장 휴대전화를 꺼내 동료에게 사진을 찍어달라고 하세요. 손으로 하트 표시를 그리면서 환하게 웃는 모습으로 말이지요. 그렇게 찍은 사진을 아내에게 사랑한다는 말과 함께 전송해보세요. 아내는 어떤 반응을 보일까요? 긍정적인 반응? 아니면 부정적인 반응? 아니면 침묵일까요?

저는 강의 중에 각자 부인에게 이렇게 찍은 사진과 메시지를 보내라고 합니다. 그러면 다들 쑥스러워하면서 사진을 보내지요. 휴식시간이 끝나고 다시 강의가 시작되면 아내에게서 답신이 온 사람은 손을 들라고 합니다. 그리고 손을 든 사람의 메시지 내용을 공개적으로 읽어줍니다.

"웃기지 마라, 너나 잘하세요!"

"웬일이야, 교육 시간에 강사가 시켰지!"

"있을 때 잘해!"

"나도!"

"여보, 고마워. 나도 당신을 사랑해!"

메시지마다 다양한 웃음이 터집니다. 정말 드물지만 "여보, 고마워. 다음 생에도 나는 당신을 사랑할 거야!"라는 메시지를 받은 사람도 있습니다. 이렇게 훌륭한 답신을 받은 남편들의 얼굴에는 환한 웃음꽃이 피어납니다. 이런 부부야말로 긍정적인 감정을 소통한다고 할 수 있지요.

그러나 아무리 기다려도 강의가 끝날 때까지 답 문자가 오지 않는 사람도 많습니다. 아예 처음부터 문자 메시지를 보내지 않은 사람도 있습니다. 그러면 다가가서 "한번 보내보세요!"라고 말씀드리는데, "안 됩니다. 지금 그런 사진을 보내면 미친놈이라고 할지도 몰라요"라고 말하며 표정이 어두워집니다.

"여보, 고마워. 다음 생에도 나는 당신을 사랑할 거야!"라는 답신을 받은 사람과 서너 시간이 지나도 아무런 연락이 오지 않는 사람 사이의 차이점은 무엇일까요? 한두 가지 사연 없는 부부가 어디 있겠습니까마는, 평소에 아내의 말을 귀담아 듣지 않고 소통하지 않았던 것이 부정적 답변이나 아무런 답도 못 받은 사람들의 공통된 이유 가운데 하나가 아닐까요?

공개 세미나에 참석하셨던, 막 정년퇴직을 하신 한 교수의 이야기는 아직도 감동스럽습니다. 그의 처남이 사업을 하는데 자금이 모자란다며 누나인 아내를 통해서 교수의 퇴직금을 빌려달라고 했답니다. 그는 몇 번이나 안 된다고 했지만, 아내의 간곡한 요청에 못 이겨 결국 2억 원이 넘는 돈을 처남에게 빌려주었습니다. 그러나 약 6개월 후 처남의 사업은 부도가 났고, 빌려준 돈은 한 푼도 돌려받지 못하게 되었습니다. 그 후 아내는 불면의 밤을 보내다가 급기야 몸져눕게 되었답니다. 남편 볼 면목이 없는 데다, 엄청난 액수의 돈이 전부 날아가 애타는 마음이 병이 된 것이지요. 이때 그는 아내에게 이렇게 말했답니다.

"여보! 당신이 만약 몹쓸 병에 걸려서 입원했다고 칩시다. 그러면 내가 당신 병을 고치기 위해서 퇴직금을 전부 쓰지 않았겠소? 그런데 고맙게도 그 병이 다 나았다고 오늘 의사 선생님한테서 축하 인사를 받았다고 합시다. 그러면 지금 내가 얼마나 기쁘겠소? 여보, 큰 병에 걸렸다가 이제 다 나았다 치고 툭툭 털고 일어나요. 그리고 그 돈은 내 돈만이 아니라 당신이 평생 나를 정성껏 뒷바라지했으니 당신 돈이기도 해요. 그러니 마음의 부담을 벗고 어서 일어나요!"

이 말에 감동을 받은 부인은 툭툭 털고 일어났고, 부부의 사랑은 더욱 깊어졌다고 합니다.

부부 사이의 배려와 존중은 조건 없는 사랑으로 피어납니다. 그리고 그 조건 없는 사랑은 힘든 상황이 닥쳐도 어렵지 않게 극복할 힘이 됩니다. 폭풍우가 몰아치고 산더미 같은 파도가 덮쳐도 유유히 항해하는 항공모함처럼 태풍에서 자유롭습니다. 오히려 그 어려움에서 힘을 합쳐 벗어나면서 사랑을 더욱 깊이 체험하게 됩니다.

아내가 힘들어하고 외로워하고 고통스러워할 때 남편인 나는 어떻게 반응합니까? 아내가 짜증을 내면 같이 짜증을 내는 것이 아니라, 왜 그런지 이유를 담담하게 들어주고 따뜻하게 등을 토닥여주고 힘내라고 미소 지으며 응원하고 포옹해줍니까?

남편은 직장, 아이들은 학교라는 집 밖에도 자신의 자리가 있지만, 전업주부인 경우 아내에게는 가정 외에 자신만의 자리가 없습니다. 그래서 어느 날 문득 아무것도 없는 빈 둥지를 지켜야 하는 자신의 상황이 허무해지면서 자신감이 없어지고 우울해지기도 합니다. 특히 아이들이 성장하면서 정신적 독립 상태가 되면 혼자라는 생각이 더욱 깊어집니다. 직장 생활을 하는 여성은 이런 문제가 덜할 수도 있지만, 그녀들 또한 여러 가지 역할을 해야 하다 보니 정체성 문제에 대한 고민이 깊습니다. 흔히들 슈퍼우먼 콤플렉스라고 하지요. 직장에 다니면서 집안일도 철저히 해야 하고, 아이들 교육도 반듯하게 해야 하고, 남편이 승진하고 성공할 수 있도록 내조도 잘해야 하고, 시부모도 잘 모셔야 한다는 부담이 커서 더 많은 스트레스를 겪기도 하는 것이지요.

그러므로 힘들어하는 아내에게 함께 짜증을 낼 것이 아니라 아내가 왜 짜증을 내는지 들어주고 오히려 응원해주는 것이 필요합니다. 이런 남편의 행동은 아내의 짜증을 줄어들게 하고 차츰 사라지게 합니다. 아내가 늦게 퇴근해서 힘들어하면 먼저 퇴근한 남편이 저녁식사 준비를 하고, 아침에 바빠서 미처 못한 설거지를 해놓는 겁니다. 그럼 아내는 어떤 기분이 들까요? 고마운 마음도 생기고, 함께하는 동반자라는 믿음도 커지지 않을까요? 하지만 한두 번으로 그쳐서는 안 됩니다. 어떤 일에든 부부로서, 가족으로서 모든 일을 함께 나누려는 마음이 있을 때, 그리고 조건 없는 사랑에서 우러나는 행동임을 보여줄 때 아내는 물론 남편도 진정한 행복을 느끼게 됩니다.

저는 아내가 잠들었을 때 이따금 아내의 손을 가만히 잡고 고마운 마음을 전합니다. 하인스 워드라는 미국의 풋볼 선수가 한국인 엄마와 단둘이 고생할 때가 있었답니다. 어느 날 엄마는 식당에서 힘들게 일하고 돌아와 쓰러져 자고 있었습니다. 그런데 늦게까지 훈련을 하고 돌아온 하인스 워드가 조용히 들어오더니 엄마의 손을 잡고 가만히 있었답니다. 잠에서 깼지만 엄마는 자는 척 가만히 있었는데, 엄마의 손등에 아들의 눈물이 뚝뚝 떨어지더랍니다. 엄마에 대한 고마움이 눈물이 되어 흐른 것이었지요. 아들이 보여준 이 같은 감사의 눈물이 엄마로 하여금 아들의 성공을 기원하며 힘든 생활을 이겨내게 해준 힘이 된 것이 아니었을까요?

조건 없는 사랑은 멀리 있는 것이 아닙니다. 남편은 든든한 큰 나무가 되어서 아내를 그 그늘에서 쉬게 해주면 되는 것입니다. 아내를 지지하고 격려하는 것입니다. 이럴 때 비로소 남편도 즐거워지고 행복해집니다. 남편은 아내에게 큰 산이 되는 것이지요. 그 무엇에도 끄떡없이 버틸 수 있는 힘은 아내에게서 다시 남편에게로 메아리쳐 오니까요.

조건 없는 사랑의 다른 이름은 '지혜'입니다. 만약 앞에서 언급한 그 교수가 퇴직금을 떼인 이후 몸져누운 아내에게 부정적으로 반응했다면 어떻게 되었을까요? 돈에만 초점을 맞추었다면 그의 마음은 화로 가득 차게 되었을 테고, 아내에게도 "거봐! 가족이나 친척 간에는 돈 거래를 하는 게 아니라고 그렇게 얘기했잖아. 당신이 하도 졸라서 빌려줬으니 당신이 책임져! 돈 받아올 때까지 집에 들어올 생각은 하지도 마!"라거나, "아니 돈 떼인 것도 모자라서 뭐 잘했다고 자리 펴고 누워서 죽겠다고 그러는 거야, 엉!" 하며 화를 냈을지도 모릅니다. 그랬다면 아마도 상상하기조차 싫은 상황이 펼쳐졌겠죠. 그러나 그는 그렇게 하지 않았습니다. 이미 없어져버린 돈에 대한 집착을 버리고, 그동안 헌신적으로 남편을 뒷바라지해온 아내의 마음을 헤아려주었습니다. 이것이 바로 지혜입니다. 지혜로운 사람은 어떠한 상황에서도 긍정적인 것에 초점을 맞춰서 그 상황을 행복과 성공으로 이끌어갑니다.

서로 깊이 교감하는 진정한 사랑은 상대방을 공격하는 어리석음을 몰아냅니다. 평소에 다져놓은 존중과 배려는 조건 없는 사랑으로 부부를 하나 되게 합니다. 아내가 고통스러워할 때 진정한 사랑은 지혜라는 또 다른 이름으로 아내를 아픔에서 벗어나게 해줍니다.

지혜로운 부부는 상대방의 마음을 즐겁게 해주는 긍정의 교감을 행동으로 실천하는 부부입니다. 부부간의 사랑은 이론이나 지식에 있지 않습니다. 남편은 아내의 얼굴에서 미소가 꽃처럼 피어나게 해주어야 합니다. 소통은 말로 하는 것이 아니기 때문입니다.

고객 만족 경영 우수 사례로 꼽히는 미국의 낙농업체 스튜 레너드 Stew Leonard 성분 바위에는 이런 말이 새겨져 있습니다.

"규칙 1. 고객은 항상 옳다.

규칙 2. 이 말이 옳지 않다고 생각되면 규칙 1을 다시 읽어라."

스튜 레너드가 성공한 이유는 고객에 대한 조건 없는 사랑이었습니다. 고객의 요구를 전적으로 수용해서 고객의 마음을 기쁘게 한 것이 결국 1등 기업을 일궈낸 가장 큰 요인이었습니다. 직장인이라면 한 번쯤 들어보았을 법한 이야기입니다. 그런데 이것을 가정에 적용해본 적이 있습니까? 나와 평생을 함께하는 가장 소중한 파트너인 아내의 마음을 여는 것도 결국은 조건 없이 믿어주고 인정해주는 게 아닐까요? 남편이 아내는 항상 옳다고 생각하면, 평생 고객인 아내 또한 언제나 남편이 옳다고 여길 테니까 말이지요. 이렇듯 조건 없는 사랑은 아내의 마음을 열게 합니다.

❶ 아내(남편)의 마음에 긍정적인 감정이 일어나도록 매일 반복해서 들려줄 말로는 어떤 것이 있을까?

----

❷ 아내(남편)가 존중받고 있음을 체감할 수 있도록 남편(아내)이 매일 실천 해야 할 행동이 있다면 어떤 것이 있을까?

아이에게는
즐거울 권리가 있다

나는 아버지로부터 수많은 유머와 칭찬과 인정을 받았는데
단 한 번도 지겹거나 신물이 난 적이 없었다.
그리고 그때마다 나는 반드시 해낼 수 있다는 자신감을 가질 수 있었다.

― 톰 피터스

아이가 지금 즐겁게 게임에 빠져 있습니다. 밤 12시가 넘어가는데 아이는 두 시간이 넘게 컴퓨터 게임을 하고 있습니다. 처음에는 '그래, 토요일이고 중간고사도 끝났으니 오늘은 즐겁게 하도록 내버려 두자' 하고 생각했지만, 아이는 좀처럼 그만둘 기세가 아닙니다. 너무 오랫동안 게임을 하니 슬그머니 걱정이 올라옵니다. 그래서 천천히 아이에게 다가가 미소를 띠면서 조용히 말을 건넵니다.

"이제 컴퓨터 게임 그만하는 게 좋을 것 같은데!"

그런데 말이 끝나기도 무섭게 아이는 "아빠! 중간고사도 끝나고

해서 하는 거란 말이야! 모처럼 하는 건데, 기분 좋게 하게 해주면 안 돼?"라고 속사포처럼 말을 쏟아냅니다. 순간적으로 당황했지만 "그래? 좋아, 그럼 1시까지 딱 한 시간만 더하는 거다!"라고 하면서 참습니다. 마음속으로는 '정말 1시까지 끝낼까?'라는 의심과 함께 한 시간만 더 기다리기로 합니다. 한 시간 후 다시 가보니 아이는 여전히 게임에 빠져 있습니다.

이번엔 조금 언성을 높여서 "벌써 1시야! 게임 그만하고 자야지!" 하고 말합니다. 이제는 아이도 미안한 기색을 보이며 애원조로 "아빠, 30분만 더!" 하며 조르기 시작합니다. 슬그머니 화가 올라오지만, 한 번 더 참아보기로 하고 조금 누그러진 목소리로 "좋아, 그럼 1시 30분까지만 하는 거야!" 하고 다짐을 받고는 거실로 나와 TV를 봅니다. 그리고 1시 30분에 다시 아이 방으로 갑니다. 하지만 여전히 아이는 아빠가 왔는지도 모른 채 게임에 빠져 있습니다. 그 순간 아빠는 어떻게 대응할까요? 십중팔구는 "야, 인마! 그만 컴퓨터 안 꺼?" 하고 버럭 화를 내지는 않습니까?

코칭을 받으러 오는 부모들 가운데 열에 아홉은 컴퓨터 게임에 빠져 있는 자녀를 걱정합니다. 심지어 어떤 어머니는 아이가 게임을 하지 못하도록 컴퓨터의 키보드와 마우스를 분리한 후 외출할 때 가지고 나간다고 합니다. 많은 부모들이 어떻게 하면 자녀가 게임에서 벗어나 공부를 잘하게 할 수 있는지 절박하게 물어옵니다.

만약 그 순간 부모가 화를 냈다면, 아이는 찡그린 얼굴로 컴퓨터 게임을 그만하겠지요. 그런데 문제는 이런 충돌이 계속 반복되기만 할 뿐, 아이 스스로 게임을 그만두지는 않는다는 사실입니다. 왜 그럴까요? 아빠의 강요로 게임을 그만둔 아이의 마음을 생각해봅시다. 하지 말라는 아빠의 말을 무시하고 게임을 계속하면 아이는 스스로 죄의식을 갖게 됩니다. 그래서 게임을 중단한 이후에도 마음속엔 자기 자신에 대한 존중보다 '게임 하나 스스로 통제하지 못한다!'는 엄마, 아빠의 잔소리가 더 깊이 새겨집니다. 이렇게 억압된 마음은 스스로 게임에서 빗어나시 못한 것을 자책하게 하고, 앞으로도 게임에서 헤어 나올 수 없도록 자기 절제력을 잃어버리게 합니다.

반복되는 강요는 아이의 자율성을 없애고, 인정받지 못한 아이의 마음은 '내 마음대로 할 수 있는 것은 아무것도 없다'는 부정적 감정으로 가득 차게 됩니다. 부모에 대한 답답한 마음은 반발심을 불러일으킵니다. 반발심은 공부를 하지 않는 것으로 나타나기도 하고, 담배를 피우거나 술을 마시는 것으로, 심지어 부모의 돈을 훔쳐 밖에 나가 게임을 하는 것으로 나타나기도 합니다.

해결의 실마리는 어디에서 찾아야 할까요? 물론 자녀에게 사랑을 베푸는 것이 기본입니다. 이렇게 말하면 부모는 자신들의 모든 행동이 자녀에게 사랑을 베풀기 위한 것이라고 말합니다. 정말 그럴까요? 아이에게 베푸는 사랑이라고 하지만 사실 알고 보면 부모 자신의 생각을 사랑하는 것은 아닐까요? 아이가 공부를 잘해야만 한다는 부모의 생각을 사랑하는 것은 아닐까요? 아이가 무엇을 원하는지 진정으로 관심을 보인 적이 얼마나 있는지 생각해보세요.

사랑이란 무엇일까요? 저는 사랑을 '상대방에게 기쁨을 주고 슬픔을 사라지게 하는 것'이라고 정의 내리곤 합니다. 아이를 사랑하는 것이 아니라 부모의 생각만을 사랑할 때는 아이에게 부모의 생각을 주입하거나 강요하기 쉽습니다. "컴퓨터 게임 그만해라", "스마트폰 좀 그만 들여다봐라", "음식을 골고루 먹어라", "일찍 자야 내일 일찍 일어나지", "추우니까 옷을 두껍게 입어라" 등등 부모는 아이를 사랑하기 때문에 하는 표현이라고 생각하지만, 알고 보면 내가 옳다고 생각하는 것을 아이에게 끊임없이 강요하는 것일지도 모릅니다. 부모가 자녀에게 베푸는 사랑은 무엇보다도 자녀의 마음에서 기쁨이 솟아나도록 하는 것이 우선입니다. 그런데 우리는 반대로 자녀에게 스트레스를 주는 것이 일상처럼 되었습니다. 자녀의 슬픔이나 고통을 없애주기는커녕 오히려 더욱 고통을 주고 부담을 주고 있으니까 말입니다.

자녀를 기쁘게 하는 방법 가운데 가장 좋은 것은 자녀가 즐거워할 수 있게 자녀의 행동을 존중하고 배려하는 것입니다. 인간은 누구든지 즐거움을 누릴 권리가 있습니다. 단지 자신의 자녀라는 이유로 그 권리를 침해해서는 안 됩니다. 컴퓨터 게임 좀 그만하라고 해도 아이는 계속 게임을 합니다. 스마트폰 좀 그만 보라고 해도 길거리에서, 심지어 횡단보도에서도 스마트폰 화면에 빠져서 걸어갑니다. 음식도 좋아하는 것만 골라 먹습니다. 추우니까 옷을 두껍게 입으라고 해도 멋을 부리느라고 얇게 입고 외출합니다. 그 이유가 무엇인지 생각해본 적이 있으십니까? 그동안 사랑이라는 이름 아래 부모의 자기 충족을 위한 욕구를 아이에게 강요하지는 않았는지 곰곰이 생각해볼 필요가 있습니다.

사람들은 자기 자신의 즐거울 권리를 침해당하면 당장 화부터 냅니다. 마찬가지로 아이도 즐거움을 누릴 권리를 인정받지 못할 때 좌절하게 되고, 그 좌절은 내면으로 숨어들어가 분노로 바뀌어 누적됩니다. 아이가 조그마한 일에도 스트레스를 느끼는 이유는 반복해서 억압된 분노가 쌓여 있기 때문입니다. 그래서 자기도 모르게 짜증을 내게 되고, 쉬이 피곤해하고, 공부에 흥미를 잃게 되는 것이지요. 자녀를 계속 구석으로 몰아갈수록 아이의 마음은 작아지고, 그만큼 자신감도 잃어버립니다. 앞에서 언급한 마우스와 키보드를 가지고 외출하는 엄마를 예로 들어봅시다. 아이들은 휴일에 엄마가 집을 비우면 마음껏 게임을 즐길 수 있다는 기대감에 부풀었을 것입니다. 그러나 마우스와 키보드를 가지고 외출한 엄마 때문에 기대는 온통 실망으로 변했을 것입니다. 이때 그 아이들의 마음은 어떨까요?

제 처가는 우리집과 가까운 곳에 있는데, 아이들이 어릴 적에는 장인께서 맞벌이하는 우리 부부를 도와주기 위해 자주 찾아오셨습니다. 일요일에 오신 장인은 늦잠 자는 아이들을 깨우려고 하셨습니다. 저는 "장인어른, 그냥 내버려두세요. 실컷 자게 해주세요" 하며 여러 번 말렸습니다. 어린 시절 휴일에 늘어지게 자는 것도 즐거움 가운데 하나이기 때문입니다. 자는데 자꾸 깨우면 오히려 반발심이 생겨 일부러 일어나지 않기도 하지요. TV 프로그램 하나만 보고 공부하려고 했는데 부모가 계속 공부하라고 말하면 괜스레 하려고 했던 공부마저 하지 않았던 기억이 누구에게나 있을 겁니다. 자녀 스스로 결정할 수 있는 권리가 존중될수록 자녀의 자기 존중감은 높아집니다.

10여 년이 지난 지금 제 아이들은 무엇을 특별히 지시하거나 명령하지 않아도 스스로 모든 것을 결정하고 알아서 즐겁게 생활합니다. 간섭이 필요 없습니다. 물론 중학교 2학년인 막내는 방과 후부터 잠들 때까지 스마트폰을 손에서 놓지 않습니다. 샤워하러 욕실에 들어가서도 스마트폰을 틀어놓고 노래를 합니다. 그러나 우리집에선 아무도 잔소리를 하지 않습니다. 아이는 스마트폰에 빠져 있다가도 학원에 갈 시간이 되면 알아서 갑니다. 친구들과도 잘 어울려 놉니다. 성적은 중상위권 정도입니다.

아이를 방치하는 것이 아니냐고 반문할 수도 있습니다. 그러나 가장 중요한 것은 스스로 알아서 하는 즐거움을 누릴 수 있도록 부모가 믿어줄 때 아이에게 자기 통제력이 생긴다는 사실입니다. 그럼으로써 공부도 자발적으로 하게 되는 것이지요. 스스로 하는 공부야말로 가장 효과적인 공부가 아닐까요?

자녀가 마음속으로 "엄마가 나를 배려하고 있구나!" "아빠가 나를 이해하는구나!" "아! 나는 언제든지 편안하게 내 삶을 스스로 결정할 수 있구나!" 하고 느낄 때 비로소 기쁘고 평화로워집니다. 정서적으로 안정되면 아이들은 스스로 즐거움을 찾아가는 여행을 시작합니다. 게임을 하든, 늦게 들어오든, 늦잠을 자든, 그것을 아이의 신성한 권리로 존중해야 하는 이유가 여기에 있습니다.

저는 딸들에게 강요하려는 마음이 들 때마다 비틀스의 〈렛 잇 비〉를 항상 떠올리곤 했습니다. '그냥 내버려두세요, 순리에 맡기세요'라는 뜻이시요. 아이에 대한 신뢰를 바탕으로 강요하지 않고 그냥 내버려둡니다. 스스로 충분히 잘할 수 있도록 말이지요. 가사 중에서도 특히 저는 "And when the night is cloudy there is still a light that shines on me, Shine on until tomorrow let it be(구름 덮인 밤일지라도, 다음 날이 밝을 때까지 날 밝혀줄 등불이 있어. 그냥 내버려두렴). Let it be, let it be, let it be, let it be. There will be an answer(그냥 내버려두렴. 분명히 답이 나올 거야)"라는 구절을 좋아합니다. 대학에 들어가기까지 공부라는 스트레스 터널을 통과하고 있는 아이에게 부모가 해주어야 하는 역할은 빛이 되어주는 것입니다. 빛이 되어준다는 것은 아이에게 기쁨을 준다는 의미입니다. 아이는 언제 기뻐할까요? 아이를 믿어주고 스스로 할 수 있도록 내버려둘 때입니다.

결혼 생활과 인간관계에 관한 세계적인 전문가인 게리 채프먼 박사는 《5가지 사랑의 언어》라는 책에서 다음과 같이 말합니다.

부모는 아이들이 어릴 때는 칭찬을 자주한다. 아이가 말을 이해하지 못해도 "아이고, 이 예쁜 코, 아름다운 눈, 그리고 부드러운 머릿결 좀 봐!"라고 말한다. 걷기 시작하고 한 손으로 의자를 붙들고 일어서면 저만치 떨어져서 "이리 오렴. 이리 와봐. 바로 그거야! 걸어. 걸어봐"라고 한다. 그러고는 "참 잘했다. 일어나서 다시 해보렴"하며 칭찬하고 격려한다.

그러나 아이가 커가면서 그 칭찬이 비난으로 바뀌어간다. "넌 학생이라고 할 수 없어. 차라리 자퇴하는 게 낫겠다. 네가 그렇게 어리석다니, 믿을 수가 없어!"라며 아이의 마음에 상처를 입힌다.

더욱이 어릴 때는 아이를 목욕시키고 먹여주고 옷을 입혀주며, 학교에 다니기 시작하면서는 자동차로 데려다주고 숙제도 돌봐준다. 이러한 일을 아이들은 대체로 당연한 것으로 여기지만, 어떤 아이는 이것을 사랑의 전달로 여긴다. 만일 당신이 아이의 과학 숙제를 도와준다면, 그것은 아이에게 좋은 성적을 받는 것 이상을 의미한다.

"이것은 우리 부모가 나를 사랑한다는 의미야."

이렇게 아이들은 자기감정의 욕구가 순조롭게 충족되면 책임감 있는 어른으로 성장한다. 그러나 감정의 욕구가 충족되지 않으면 상식을 벗어나 그 욕구를 충족시켜주지 않는 부모에게 화를 내며 엉뚱한 곳에서 사랑을 추구한다.

게리 채프먼은 결국 '아이들의 감정적 욕구 충족'이란 '아이 스스로 즐거움을 누릴 수 있도록 존중하고 배려하는 것'을 의미한다고 주장합니다.

당신은 혹시 아이가 어릴 적에 자주 칭찬하던 기억은 다 잊어버리고 습관처럼 부정적인 말로 아이에게 상처를 주지는 않습니까? 칭찬을 하지 않게 된 것은 부모의 이기심 때문이 아닐까요? 다시 칭찬을 시작해야 합니다. 아이에게 즐거워할 권리를 인정해주면, 아이는 부모에게 즐거움을 충족시켜주게 되어 있습니다. "그래, 네가 뭘 해도 엄마아빠는 네 편이야. 하고 싶은 것을 마음껏 하렴!" 하고 아이를 믿어주고 격려하면, 아이는 긍정적이고 적극적인 마음 상태를 회복하여 학교라는 경기장에서 마음껏 능력을 발휘할 수 있게 됩니다. 긍정적이고 적극적인 아이는 당연히 부모에게 즐거움을 주는 아이로 성장해 나갈 수밖에 없습니다.

이제 아이가 어렸을 적 순수하게 사랑했던 그 마음을 불러일으켜 봅시다. 칭찬 한마디, 아이와 함께 시간 보내기, 아이의 취미에 관심 보이기 등등 아이가 즐거워하도록 해보는 것입니다.

아이를 부모의 의도대로 이끄는 것이 아니라, 믿고 내버려두면 아이가 본래 가진 탁월성이 잘 드러납니다. 자녀에게 본래 있는 능력이 스스로 꽃피우게 되는 것이지요. 저는 아이가 겨울방학 내내 새벽 3시까지 좋아하는 영화를 보고 있어도 얼른 자라고 강요하지 않았습니다. 그런데 개학 전날 저녁이 되자 아이는 11시 반에 잠자리에 들더군요. 그리고 다음 날 아침에는 스스로 일어나 학교에 갔습니다. 저는 딸이 어떤 행동을 하더라도 믿습니다. 그 아이가 훌륭한 아이라는 것을 말입니다.

＊ Self Question, Self Thinking ＊

❶ 진정으로 아이의 삶을 사랑한다면 누구의 기준으로 아이를 키워야 할까?

----

❷ 아이가 커갈수록 칭찬이 사라지는 이유는 무엇일까? 그리고 지금부터 어떤 칭찬의 말을 하면 좋을까?

😊 아이의 즐거울 권리를 인정하는 행동 요령

1. 아이 스스로 자기의 삶을 즐거움으로 채우도록 믿고 내버려둬라.

- 내버려두는 것은 아이의 자발성을 길러주는 것이다.

- 대신 아이가 잘될 수밖에 없다는 확신을 아이에게 심어줘라.

- 믿고 내버려두는 것은 방치하는 것이 아니라, 스스로 일어서도록 하는

  최선의 방법이다.

2. 아이에 대한 시각을 긍정적으로 바꾸어라.

- 아이의 TV 시청과 게임은 아이에게 휴식일 뿐 시간 낭비만은 아니다.

- 아이가 TV를 보고 게임을 할 때 편하게 즐기도록 오히려 배려하라.

- 가장 중요한 것은 자녀와 부모 간의 평화로운 관계 회복이다. 존중받는

  아이는 자존감이 살아나고 자존감을 회복한 아이는 반드시 성공한다.

3. 아이의 훌륭한 점을 찾아내서 칭찬하라.

- 훌륭한 점을 칭찬하면 아이의 부정적인 면은 저절로 사라진다.

부모의 믿음이
아이의 자존감을 키운다

아이가 어른이 되는 것은 단순히 한 걸음 내딛는 것에 지나지 않는다.
독립은 자기 자신이 하는 것이며 부모에게서 떠나는 것이고
어른이 되는 첫걸음이다.

– 헤르만 헤세

얼마 전 저에게 코칭을 받았던 한 중소기업 CEO에게서 전화가 왔습니다. 화가 잔뜩 난 목소리로 아이가 학교에서 담배를 피우다가 걸렸다는 것입니다. 그의 반응은 단호했습니다.

"오늘 저녁에 들어가면 혼을 낼 겁니다. 도저히 참을 수가 없어요. 아니, 화장실도 아니고 교실에서 피우다가 걸렸다고 하더라고요. 이 녀석을 가만두지 않을 겁니다."

그러면서도 한편으로는 어떻게 아이를 대해야 좋을지 물어온 것입니다.

그는 아이가 초등학교 때는 일이 바빠서 관심을 갖지 못하다가 중학교에 들어간 후 중간고사 성적이 형편없이 나오자 충격을 받았다고 합니다. 그 후 매일 저녁 일찍 퇴근해서 아이와 같이 공부하기 시작했습니다. 시험 결과가 나쁘면 따귀를 때리거나 회초리로 손바닥을 때리곤 했다고 합니다. 제가 보기에 아이의 불량한 행동은 아빠와의 불편한 관계 속에 이미 예고되어 있었다는 생각이 듭니다.

"자녀의 모든 문제는 부모가 만든 것입니다. 지금 아이가 담배를 피우게 된 것도 알고 보면 중학교에 들어가면서 부쩍 심해진 부모의 간섭이 불러온 것일 수 있습니다. 더욱이 부모한테 폭력을 경험했다면, 외향적인 아이는 다른 아이들과 자주 싸우고, 내향적인 아이는 따돌림을 자초하기도 합니다.

아이가 최근에 전학을 했다고 했지요? 아마 이전에 다녔던 학교에서 일진이었기에 전학 간 학교에서도 아이 나름대로 자기 존재감을 알릴 필요가 있었을 겁니다. 그래서 교실에서 담배를 피웠을 수 있습니다. 오늘 아버님이 아이의 잘못을 추궁하며 때리신다면 이후의 관계 회복은 힘들어집니다. 하지만 포용력을 발휘해서 용서한다면 최소한 아이가 부모에게 마음을 닫지는 않을 겁니다. 오히려 아빠를 두려워하는 마음이 적어지면서 마음을 열 가능성이 높다고 봅니다. 잘못한 것을 혼내는 것은 쉽습니다. 그러나 혼을 내면 아이의 흡연 습관은 더욱 굳어질 것이고, 아빠와 아들 사이는 더욱 벌어져 회복하기 어려울 것입니다.

오늘 집에 들어가시면 아이를 때리거나 야단치지 말고 '많이 힘든가 보구나. 어서 씻고 들어가 자렴!' 하고 이야기하세요. 담배 피운 것에 대해서는 언급하지 마시고 아이를 넓은 마음으로 포용해주십시오."

대부분의 부모가 자녀의 잘못을 혼내는 데는 익숙합니다. 아이가 실수하거나 사회 통념상 나쁜 일을 저질렀을 때 아이의 입장이나 아이가 겪고 있는 상황을 이해하려고 하지 않은 채 아이를 궁지로 모는 경우가 많습니다.

다음 날 그에게서 전화가 왔습니다. 집에 들어가 제 조언대로 하지는 못했지만, 아이를 물끄러미 바라보기만 했을 뿐 아무 말도 하지는 않았다고 했습니다. 그날 밤 그는 한숨도 잠을 이루지 못했다고 합니다. 평소 습관대로 욕하고 뺨을 때리며 "어떻게 너 같은 자식이 태어나 이렇게 나를 창피하게 만드는 거야, 엉!" 하고 큰소리 치고, 아내에게도 "당신은 쟤가 담배 피우는 것 알았어, 몰랐어! 알면서도 말하지 않은 거 아니야?" 하며 실컷 화를 냈다면 마음이라도 후련했을 텐데, 그러지 못하고 속으로만 삭이려니 엄청 힘들었다고 합니다.

그런데 점점 시간이 지날수록 아이에게 미안한 마음이 들기 시작했답니다. 한편으로는 '저 아이가 앞으로 어떻게 될까?' 하는 걱정도 들면서 여러 가지 생각으로 쉬이 잠을 이루지 못했답니다. 그렇지만 아이를 때리지 않고 참은 것은 잘한 것 같다고 했습니다.

저는 전화기에 대고 아주 큰 목소리로 "참 잘하셨습니다! 드디어 악순환의 고리에서 빠져나오는 첫 발자국을 떼셨으니 진심으로 축하

합니다!" 하고 말했습니다. 좋지 않은 길로 빠져드는 아이를 되돌려 세우는 첫 번째 방법은 용서입니다. "용서란, 다른 사람이 내게 저지른 잘못된 행동으로 느끼는 분노를 멈추는 것"이라고 웹스터 사전에서는 정의하고 있습니다.

나중에 아이와의 관계가 좋아지고 난 후, 당시 아이의 마음을 들을 수 있었습니다.

"아빠가 오시면 엄청 욕하고 때릴 줄 알았는데, 그냥 바라보다가 방으로 들어가셨어요. 처음에는 믿어지지가 않았어요. 절대로 그냥 넘어갈 아빠가 아닌데……."

아빠의 행동에 아들은 오히려 불안해했던 것이지요. 그런데 그날 밤 아빠의 방에 불이 꺼지고 나자 그 불안했던 마음이 슬그머니 미안한 마음으로 바뀌었다고 합니다. 아빠의 마음속에 분노가 가득했다면 그 분노가 차지하는 만큼 평화나 관용 따위는 작동할 수가 없었을 것입니다. 하지만 아빠의 관대한 마음이 아이의 마음을 불안함에서 미안함으로 바뀌게 한 것은 아닐까요? 저는 여기서 포용과 용서의 힘을 새삼 느낍니다.

한 달여가 지나서 다시 전화가 왔습니다. 아이가 또다시 교실에서 담배를 피우다가 걸렸다는 것입니다. 그런데 그의 반응이 놀라웠습니다.

"한 번 겪은 일이라서 그런지 지난번보다 충격도 덜하고 화도 적게 나더군요."

저는 이번에도 아이를 야단치지 말고 격려해주기를 당부했습니다. 그는 이렇게 말했다고 하더군요.

"많이 힘드냐? 끊기가 쉽지 않지? 내일 아버지가 학교에 가서 '담배는 내가 알아서 끊도록 할 테니까 선생님은 우리 아이를 자꾸 칭찬해주세요!'라고 얘기할게. 같이 끊어보도록 하자. 너무 신경 쓰지 마라!"

용서를 넘어 배려의 마음을 갖게 된 것입니다. 엄마와 단둘이 남게 된 아이는 아빠에게는 얘기하지 말라면서 "내가 없는 자리에서 선생님이 아이들을 모아놓고 ○○이와 놀지 마라. 질이 좋지 않은 아이야"라고 말했다는 것입니다. 그날 밤 이야기를 전해 들은 아빠는 아이를 품어주고 위로해주기를 정말 잘했다는 확신이 들었다고 합니다. 학교에서도 힘들게 생활하고, 담배를 피웠다는 죄책감에 시달리고, 선생님과 반 친구들에게서조차 부정적인 시선을 느끼는 아들에게 부모마저 힘들게 했다면 아마도 아이가 설 자리는 없었을 거라는 생각이 든 것이지요. 그러면서 자꾸만 공부하라고 강요하고 윽박질렀던 것이 후회가 되었답니다.

얼마 지나지 않아서 다시 전화가 왔습니다. 아이가 특공무술을 배우고 싶어 하는데, 자기는 썩 내키지 않는다고 했습니다. 아이가 특공무술을 배워서 또 다른 말썽을 일으킬까 봐 걱정스럽기 때문입니다. 한 달여 이상을 '배우고 싶다', '안 된다' 하며 서로 으르렁대는 중이라고 합니다. 저는 단호하게 말했습니다.

"특공무술 학원에 등록하도록 도와주세요! 아이가 좋아하는 것을 부모가 적극적으로 도와주고 응원해줄 때 아이는 행복해집니다. 아이는 자기를 행복하게 해주는 부모에게 행복으로 보답하게 되어 있습니다."

얼마 후 소식을 들으니, 특공무술 학원에 다니면서부터 아들의 성적이 평균 20점대에서 80점대로 올랐다고 합니다. 그리고 장래 경찰이 되겠다는 꿈도 쑥스러운 듯이 얘기했다고 합니다. 즉 자기는 누구보다도 문제를 일으키는 아이들을 잘 이해할 수 있고, 또 지금까지 한 번도 져본 적이 없으니 누구와 맞붙어도 이길 수 있기 때문이라고 얘기했다는 것입니다.

사랑은 용서에서 출발할 때도 있습니다. 그리고 지속적인 용서와 배려는 아이 스스로 출구를 찾는 지혜를 길러줍니다. 그래서 용서하고 배려하는 사랑을 경험하는 아이는 고통의 터널을 쉽게 빠져나올 수 있습니다.

아이를 키우는 부모는 모두 비슷한 시행착오를 겪습니다. 누구든지 첫 아이를 키울 때는 초보이기 때문입니다. 초보 부모가 가장 자주 범하는 실수는 욕심 때문입니다.

고3이 되어도 여전히 스포츠 TV만 보는 아들 때문에 걱정이라는 어린이집 원장님이 있었습니다. 제가 주관하는 세미나에 7~8주 정도 참석하셨는데, 그동안 생각이 많이 바뀌었다고 했습니다. 아들은 프로축구 선수들의 소속 팀, 특기, 경력, 연봉, 현재 가치, 내년 또는 몇 년 후의 연봉 등에 대해 정보를 습득하는 것이 취미라고 했습니다.

장래 꿈이 스포츠 마케팅 전문가라면서요. 물론 그녀는 아이의 꿈을 반대했습니다. 그래서 퇴근 후엔 툭하면 아들과 싸움이 벌어지곤 했답니다. "너는 매일 TV만 보고 공부는 언제 할 거니?" 하고 야단을 쳐도, 아들은 듣는 둥 마는 둥 오로지 TV 경기에만 집중했습니다. 밥을 먹으라고 해도 듣지 않고 말이지요. 벌써 몇 년 동안 반복되는 일이었답니다.

그러나 세미나에 참석하면서 그분은 서서히 아들에게 마음을 열게 되었습니다. 7~8주가 지날 즈음엔 TV를 보고 있는 아들 옆으로 다가가 "저 선수는 얼마짜리야?" 하고 물을 수 있게 되었답니다. 소파에 심드렁하니 누워서 엄마가 왔는데 미동도 하지 않던 아이가 마치 스프링이 튕기듯 일어나더니 신나게 선수들에 대해 설명을 하더랍니다. 그녀는 아들의 말에 맞장구를 쳐주며 '너 참 대단하다'고 말해주었답니다. 그랬더니 아이가 달라지기 시작했습니다. 여느 때 같으면 어김없이 다투고는 제 방으로 들어가 엄마의 공부하라는 소리를 무시한 채 잠들었을 텐데, 그날은 신나게 공부를 하더라는 것입니다. 이렇듯 단지 아이의 관심사에 마음을 열고 들어주는 것만으로도 관계는 회복될 수 있습니다.

아이는 아이의 인생을 살아가게 해야 합니다. 공부하라고 강요할수록 아이는 공부를 안 할 것이고 그럴수록 공부에서 멀어질 수 있습니다. "공부해!"라고 얘기하는 것은 '우리 애는 공부를 못해!'라고 부모 스스로 아이에게 굴레를 씌워버리는 것과 같습니다. 공부 잘하는 아이에게는 공부하라고 강요하지 않기 때문입니다. 굴레가 씌워지는 순간부터 아이는 모든 일에서 자신감을 잃게 되고, 결국 공부에 흥미를 잃게 됩니다. 그러면 또 부모는 더욱 부정적으로 아이를 대하게 되고요. 결국 부모의 강요가 아이를 공부에서 멀어지게 하는 것이지요.

이제라도 늦지 않았습니다. 강요가 아닌 이해와 포용으로 아이를 품어주는 것입니다. 아이 스스로 자기에게 알맞은 삶의 프로그램을 선택할 수 있도록 격려하고 박수치는 일부터 시작해보는 게 어떨까요?

* Self Question, Self Thinking *

❶ 아이가 좋아하는 일에 나는 어떻게 반응하는가?

----

❷ 아이를 움츠리고 긴장하게 만드는 부모의 습관적인 행동에는 무엇이 있을까? 아이를 대할 때 오늘부터 당장 중단해야 할 말과 행동은 어떤 것일까?

☺ 아이의 성공을 돕는 행동 요령

1. 아이가 잘못을 저질렀을 때 절대 부정적으로 반응하지 마라.

- 잘못을 저지른 아이의 심리는 불안하고 위축되어 있다. 작은 자극에도 큰 상처를 받는다.

- 이때 가장 필요한 것은 아이를 넓은 마음으로 포용하고 안심시키는 것이다.

- 잘못했을 때 보여주는 부모의 관대함은 아이에게 평생 잊을 수 없는 마음의 선물이 된다.

2. 아이가 좋아하는 것을 발견해서 꿈으로 연결하게 도와라.

부모가 보여주는 관심은 아이를 신나게 한다. 아이의 강점을 미래로 연결할 수 있게 도와라. 아이가 자기의 미래를 향해 신나게 달려갈 수 있게 하는 것이 부모의 의무이자 가장 신나는 권리다.

3. 절대 공부하라고 강요하지 마라.

- "공부해!"라는 부모의 말에는 '너는 공부를 못해'라는 생각이 전제되어 있다.

- "공부해!"라고 계속 반복할수록 아이는 공부에서 멀어진다.

미움은 미움으로,
존경은 사랑과 배려로
되돌아온다

자기 자신이나 가까운 사람들만의 행복을 추구하는
편협한 마음으로는 진정한 행복을 얻을 수 없다.
진정한 행복은 모든 생명체를 사랑하고 연민할 때 얻어지는 것이다.
― 달라이라마

직장인 열 명 중 아홉 명 이상이 스트레스로 인해 회사를 그만두고 싶어 한다고 합니다. 취업 포털 '잡코리아'가 남녀 직장인 723명을 대상으로 '직장인 스트레스'에 대해 설문조사를 실시한 결과, '최근 스트레스를 받아 직장을 때려치우고 싶다'고 답한 직장인이 91.4퍼센트로 나타났습니다. 스트레스를 받는 이유로는 '나를 자꾸 구박하는 상사, 건방진 부하 직원 등 인간관계 문제가 힘들어서'라는 답변이 30.1퍼센트로 가장 많았습니다(〈이데일리〉 2012. 5. 31.). 또한 취업 포털 '사람인'이 기업 인사 담당자 768명을 대상으로 조사한 결과에 따르면, 59.9퍼센트가 사내에서 문제를 일으키는 골칫덩이 직원이 있다고 답했습니다. 주로 매사에 부정적인 태도로 동료를 방해하거나(45퍼센트, 복수 응답), 회사 방침에 노골적으로 불만을 토로하는 직원, 업무 절차 등을 무시하고 독단으로 행동하는 직원(각 32퍼센트) 등이 많았습니다. 사내에서 뒷공론과 소문을 조장하는 직원(27.6퍼센트), 무례하게 행동하는 직원(21.5퍼센트), 사내 파벌을 형성해 갈등을 조장하는 직원(16.7퍼센트) 등도 골칫덩이 직원 후보에 올랐습니다(〈아시아경제〉 2012. 11. 27.).

심심치 않게 보도되는 위와 같은 기사들의 공통점은 직장인의 스트레스 가운데 가장 큰 비중을 차지하는 것이 '인간관계의 어려움'이라는 점입니다. 그중에서도 특히 상사와 잘 지내고는 싶지만, 마음을 열지는 않겠다는 사람이 많았습니다. 마음을 열고 상사와의 관계를 회복하라고 하면 "아니, 지금까지 팀장이 나에게 얼마나 많은 스트레스를 줬는지 아십니까? 도저히 열린 마음으로 팀장을 받아들일 수는 없습니다!" 하며 심각한 얼굴로 항의합니다. 물론 충분히 이해합니다. 그렇지만 상사에 대해 불평할수록 누가 힘들어집니까? 겉으로는 웃어도 마음이 불편한 것은 상사보다 오히려 부하 직원입니다.

초등학교 때 했던 실험 이야기를 하나 할까 합니다. 소리굽쇠 두 개를 책상 위에 약 30센티미터 간격으로 놓습니다. 그리고 한쪽 소리굽쇠(A)를 망치로 두드리면 30센티미터 떨어져 있는 다른 소리굽쇠(B)에서 소리가 납니다. B 소리굽쇠는 망치로 두들기지도 않았는데 망치에 맞은 A 소리굽쇠와 똑같은 소리를 냅니다. 이때 처음에 때린 A 소리굽쇠를 가만히 손으로 잡아서 떨림을 멈추어도 B 소리굽쇠에서는 계속 소리가 납니다. 그러다가 A 소리굽쇠를 잡았던 손을 놓으면 다시 A 소리굽쇠가 공명합니다.

뜬금없이 왜 소리굽쇠 얘기를 하느냐고요? 상대를 마음속으로만 미워해도 상대는 무의식 중에 그걸 느끼고 있다는 얘기를 하고 싶어서입니다. 즉 마음의 파동이 전달된다는 것이지요. 저희 회사 마스터 코치에게 코칭을 받은 스튜어디스가 있었습니다. 외국계 항공사에서 근무하는 이 스튜어디스가 주로 탑승하는 노선에는 특히 중국인과 인도인이 많다고 합니다. 이들 가운데 상당수가 와인 서비스를 계속해서 요구해 당황스러운 일이 많다고 합니다.

어느 날, 역시 와인을 거듭 요구하는 한 고객에게 여느 때처럼 부드러운 미소를 띠면서 친절하게 응대했다고 합니다. 그런데 비행이 끝난 얼마 후 회사로 탑승객의 항의 편지가 도착했다는군요. 스튜어디스의 서비스가 만족스럽지 못했다고요. 그 스튜어디스는 최선을 다해 미소 지으며 친절하게 응대했는데, 왜 고객이 불만을 표했는지 의문스러워했지요. 하지만 분명 고객이 느끼는 친절함의 정도는 겉으로만 드러나는 게 전부는 아닙니다. 겉으로 아무리 미소를 짓더라도 마음속에 불편함이 있으면, 고객은 그것을 단번에 알아차립니다. 단순히 기내에서 스쳐 지나는 사람 사이에서도 불편한 마음은 전달되는 것이지요. 하물며 몇 년 동안 하루의 대부분을 같이 보내는 직장의 상사와 후배, 동료 사이에서야 더 말할 나위가 있겠습니까.

내 마음속 파동은 소리굽쇠와 마찬가지로 상대방에게 그대로 영향을 줍니다. 동물도 자기를 좋아하는 사람을 좋아합니다. 하물며 사람은 어떻겠습니까? 싫어하는 사람을 만나면 아무리 드러내지 않으려 해도 어떤 형태로든 좋아하지 않는 마음을 드러내게 됩니다. 그러면 당연히 상대도 나를 좋아하지 않습니다. 누군가가 나를 좋아하게 하려면 내가 먼저 그 사람을 좋게 생각해야 합니다. 한 개의 소리굽쇠가 파동을 울리면 주변에 있던 소리굽쇠 역시 같은 파동으로 소리를 내면서 공명하듯이, 사람의 마음 또한 떨어져 있어도 내가 품은 마음이 주변에 영향을 미칩니다. 평소에 주변 사람들을 대하는 마음가짐에서 인간관계를 발전시키는 중요한 시사점을 발견할 수 있는 것입니다.

옛말에 '미운 놈 떡 하나 더 준다'고 했습니다. 이 말은 미운 사람에게 미운 티를 내면 나중에 화를 당할지 모르니 적으로 만들지 말라는 것이 표면적인 의미입니다. 미운 사람일수록 더 잘해주라는 것이지요. 그러나 여기서 제가 말하고자 하는 핵심은 미운 감정을 숨긴 채 잘해주라는 것이 아닙니다. 미운 감정을 가지고 잘해줘 봐야 내 마음만 더 불편해집니다. 미운 사람에 대한 내 감정을 좋은 쪽으로 바꾸라는 것입니다. 내가 좋은 감정으로 대하면 상대도 나를 좋은 방향으로 자연스럽게 대하게 됩니다. 비록 미워하는 사람이었다 하더라도 내가 먼저 평화로운 감정으로 바꾸면, 그 느낌이 전해져서 상대방도 좋아하는 방향으로 감정이 변합니다. 당연히 상대방과 나의 인간관계가 편해집니다.

"아니! 미운 놈을 미워하는 게 당연하지. 미운 놈한테 더 잘해주라고? 웃기고 있네!"

여전히 이렇게 얘기하십니까? 마음을 바꾸지 않으면 나는 앞으로도 계속 상대방과 으르렁거려야 합니다. "저놈, 정말 미워 죽겠어!" 하며 매일 반복해서 상대방을 미워하는 것이 사실은 자기 자신을 스스로 괴롭히는 것임을 자각할 필요가 있습니다. 미워하고 짜증 내고 질투하는 사람은 알고 보면 가장 약한 사람입니다. 강한 사람은 상대방에게 영향을 받지 않기 때문이지요.

그렇다면 어떻게 해야 그 미운 감정을 없앨 수 있을까요? 물론 상대방에게 좋은 감정을 느끼면 되는 것이지요. "아니, 미운 놈을 좋게 느끼라고? 그건 아부잖아? 약삭빠르고, 줄 대기 좋아하고, 상사에게 아첨하고, 부하 직원들에게 권위를 내세우는 걸 다르고 속 다른 소인배에게 좋은 감정을 느끼라고? 예끼, 여보쇼! 굶어죽으면 죽었지, 난 그렇게 못해!"라고 하시겠습니까?

LG경제연구원이 최근 펴낸 〈나에게서 찾는 구성원 간 갈등의 원인〉 보고서를 바탕으로 조직 내 갈등 상황에서 스스로를 돌아보는 방법에 대해 알아본다.

상사에게 잘 보이려고 딸랑딸랑거리는 동료를 보며 직장인 B씨는 속으로 혀를 끌끌 찬다. '저렇게까지 해야 하나'라는 생각에서다. 그런데 B씨가 동료를 싫어하게 되는 과정에는 B씨의 심리 영향도 있다고 한다. 심리학자 카를 구스타프 융은 개인이 가지고있으나 스스로 이를 인정하고 싶지 않은 특성을 가리켜 '그림자'라고 정의했다. B씨의 그림자는 상사의 인정을 받고 싶은 욕구다. B씨가 감추고자 하는 그림자를 동료가 상기시킨 탓에 곱게 보일리 없다는 뜻이 된다. 결국 갈등이 일어나면 비난의 화살은 나 자신이 아니라 남에게 향한다. 하지만 자신에게 갈등의 원인이 내재돼 있을 수도 있다. 다만 의식하지 못하거나 애써 부정하고 있을뿐이다(〈아시아경제〉 2012. 11. 27.).

결국 내 마음이 싫어하는 것을 상대에게서 발견할 때 자기도 모르게 미워하게 된다는 것입니다. 그러니까 자기 마음이 만들어낸 것이지요. 자작자수自作自受, 자기가 스트레스를 만들고 자기가 그 스트레스로 괴로워한다는 의미입니다. 억울하지 않습니까? 상사는 별 반응이 없는데 왜 유달리 나만 계속 상사에게서 스트레스를 받아야 하나요? 여기서 벗어나고 싶습니까? 물론 그러고 싶겠지요. 방법은 아주 간단합니다. 내가 싫어하는 상사의 장점에 초점을 맞추는 것입니다. '윗사람에겐 부드럽고 아랫사람에겐 권위적으로 대하는 상사'라도 장점을 찾고자 한다면 얼마든지 찾을 수 있을 겁니다.

"우리 팀장님은 부하 직원에겐 군림하지만 업무 추진력 하나는 뛰어나! 일단 일을 시작하면 어떤 난관도 뚫어내고 마침내 일을 성사시키고 말거든. 그것 하나는 인정해줄 만하지!"라고 팀장의 장점을 인정하는 순간, 팀장을 부드럽게 대할 수 있는 능력이 계발될 것입니다.

왜냐하면 상사의 장점을 진심으로 인정하는 순간 내 마음속에 숨어 있던 불편한 감정이 옅어지기 시작하기 때문입니다. 상대방의 좋은 점을 바라볼수록 내 마음속의 싫어하는 감정이 스르르 잦아드는 신기한 체험을 할 수 있습니다. 처음에는 다소 어색하더라도 지속적으로 상대방의 장점을 보고 좋은 느낌을 반복해서 느껴보세요. 미운 상대방에게 떡 하나 더 준 것이 상대방과의 불편한 감정에서 자유로워지는 이익으로 나에게 돌아옵니다. 상대방의 장점을 바라볼수록 내 마음속에 있던 불편한 감정이 사라지게 됩니다. 장점을 보게 되면 단점이 힘을 잃게 됩니다. 빛이 들어오면 어둠이 사라지는 이치와 마찬가지입니다.

지금까지는 "우리 팀장님은 너무 꼼꼼해서 정말 답답해. 결재 서류에서 오탈자를 얼마나 잘 찾아내는지, 완전히 국어 선생님이라니까!"라고 생각했다면, 이젠 "우리 팀장님의 장점은 치밀하다는 점이야! 내가 작성한 프로젝트 보고서를 결국에는 완벽하게 만들어주시지. 그래서 나도 점점 업무 처리의 완성도가 높아지고 있거든! 참 고마운 일이야!"라고 생각을 바꿔보세요. 그러면 상사에 대한 긴장감 대신 상대를 받아들이는 편안한 마음이 생기고, 결국 덤벙대던 내 업무 처리 스타일은 꼼꼼하고 치밀하게 바뀝니다. 상대의 장점을 받아들이고 내가 변하면 상사가 나를 좋아하게 되는 것입니다. 상사를 미워하는 마음이 사라질수록 상사와의 관계는 원만하게 바뀐다는 사실을 잊지 마세요.

'팀장님만 없으면 내가 회사에서 정말 잘나갈 텐데!' '과장님만 없으면 정말 회사 다닐 맛이 날 텐데!'라고 생각하십니까? 반복되는 이런 생각을 사라지게 하면 회사가 천국이 됩니다. 일상적인 적대감이나 부정적 인식이 사라지기 때문입니다. 싫어하고 미워하는 사람에 대한 관점을 좋은 쪽으로 바꾸는 것이야말로 인간관계의 진정한 혁신입니다. 나를 바꾸어서 미운 상사를 나에게 우호적인 사람으로 돌려놓는 것이야말로 리더십의 요체라고 할 수 있지요. 대인관계의 핵심은 상대를 미워하는 내 생각을 바꾸는 것이고, 그것이 가장 탁월한 방법입니다. 내가 바뀌면 모두가 바뀌기 때문입니다.

이제부터라도 상대방의 좋은 점을 찾아내보세요.

"우리 팀장님은 전략적으로 일을 처리하는 데 탁월한 능력이 있어!"

"우리 과장님은 힘들게 일을 시켜도 나중에 자기 사람이라고 챙겨주는 의리파야!"

"우리 과장님은 약삭빠르게 보여도 늘 능수능란하게 상사가 필요로 하는 것을 챙겨주는 인간관계의 달인이야! 이런 점은 원칙주의자인 내가 배워야 할 유연성이야!"

"우리 팀장님은 의미 부여를 잘해서 어떤 보고서든 가치 있는 것처럼 보이게 해. 그 기술만큼은 정말 탁월하지! 팀장님의 보고서엔 대의 명분이 뚜렷하게 드러나는데, 그런 점에서 내게도 큰 도움이 되지!"

이처럼 미워하는 상사가 있다면 그 상사의 장점을 찾아서 노트에 적어보세요. 그러면 나도 모르게 마음속에 쌓여 있던 상사에 대한 불편함이 사라지기 시작할 겁니다. 반복해서 상사의 장점을 하나 둘 노트에 적어서 떠올리다 보면 불편한 감정이 드는 순간 장점이 떠오르면서 상사를 바라보는 마음이 편안해지는 것이지요. 이렇게 편안해진 마음은 굳이 표현하려 하지 않아도 상사에게 자동으로 전달됩니다. 얼마 지나지 않아 미워하던 상사가 나를 칭찬하고 존중해주는 경험을 하게 될 것입니다.

한 기업체의 부장이 제 강의를 들었습니다. 저는 아직도 잊지 못합니다. 휴식 시간에 제게 다가와 "이번 고과에서도 점수는 좋지 않을 것 같아요. 아무래도 승진은 어려울 것 같습니다. 상무님과 사이가 좋지 않아서……. 이번에도 밀리면 그만둬야 합니다. 아직 아이가 대학에 다니는데, 어떻게 하면 좋겠습니까?"하며 걱정하던 얼굴이 선명히 떠오릅니다.

그는 자기가 싫으면 끝까지 싫어하는 것이 자신의 장점이라고 고집을 부린 것이 후회된다고 하더군요. 제 강의를 듣다 보니 싫어하던 그 감정이 자기 자신을 해치는 것이었음을 뒤늦게 깨닫게 된 것이지요.

누구에게나 '나 아닌 모든 존재를 이해하고 포용하고 사랑하는 마음'이 있습니다. 상대를 미워하는 마음은 그 사람의 훌륭한 점을 바라볼 때 사라집니다. 미워하는 마음이 사라질수록 나의 그릇은 더 크고 넓어집니다. 지금 내가 상사의 장점을 보고 반복해서 느낄 때 내마음의 파동이 상사의 긴장된 마음을 풀어주게 되고, 상사에게도 나를 진심으로 배려하는 마음을 일으키게 합니다.

* Self Question, Self Thinking *

❶ 상사에 대해 좋은 감정을 품으려면 어떻게 해야 할까?

----

❷ 미운 상사를 마음속으로라도 칭찬하려고 결심했다면, 어떤 칭찬의 말을 지속적으로 하면 좋을까?

☺ 대인관계 스트레스에서 조화로운 인간관계로 전환하는 3가지 지혜

1. 상대방을 비난하는 습관을 당장 중단하라.

상대방에 대한 비난	전제된 나의 단점
"우리 팀장은 너무 꼼꼼해."	"나는 팀장보다 치밀하지 못하고 덤벙대."
"우리 팀장은 너무 정치적이야."	"나는 다른 사람의 의중을 읽지 못해."

2. 상대방을 존중하고 배려하는 것을 습관화하라.

• 상사와 동료에 대한 불평불만이 습관화된 사람은 절대 성공할 수 없다. 누가 그를 좋아하겠는가?

• 더욱이 상대의 좋지 않은 면을 보게 되면 지속적으로 스트레스를 받게 된다. 결국 누가 손해인가?

• 상사가 알아주든 말든 자기 일을 묵묵히 수행하는 사람은 인간관계에서는 중립일 뿐이다.

• 상대에 대한 존중과 지속적인 친절이야말로 대인관계의 핵심 경쟁력이다.

3. 스트레스를 받을 때도 의도적으로 미운 상사에 대해 마음속으로 칭찬하라.

처음에는 의도적으로 칭찬하지만, 나중에는 자연스러운 감정으로 자리 잡게 된다. 그렇게 마음속에 자연스럽게 자리 잡은 감정은 상대방에게 그대로 전달되어 좋은 관계로 발전한다.

4장

지금 여기에서
행복하라

나 는   정 말   행 복 한 가 ?

웃기 때문에
행복해진다

> 울기 때문에 슬퍼지고,
> 도망가기 때문에 무서워지고,
> 웃기 때문에 행복해진다.
>
> 윌리엄 제임스, 카를 랑게

좀처럼 아프지 않은 사람들이 있다. 이들은 만나면 늘 에너지가 넘치고 얼굴 혈색이 좋을 뿐만 아니라, 긍정적이고 기분이 좋아 보인다. 낙관주의자들은 비관주의자들보다 오래 산다. 미국 메이요 클리닉 연구 팀이 30년 동안 447명을 추적 조사한 결과, 비관론자가 낙관론자보다 일찍 죽을 위험이 50퍼센트 정도 더 높다는 사실을 확인하고 "마음과 몸은 연결되어 있으며 태도는 결과적으로 죽음에 영향을 미친다"라고 밝혔다. 특히 낙관론자는 비관론자보다 통증에 덜 시달리고 활력이 넘친다고 했다. 듀크 대학 의료

원 연구 팀은 심장 질환을 앓고 있는 86명의 환자를 분석해보니 주기적으로 긍정적인 감정(행복, 즐거움, 낙관적인 생각)을 표현한 환자들이 부정적인 감정을 더 많이 느낀 환자들보다 11년 후에 살아 있을 확률이 20퍼센트가량 높았다. 핀란드 쿠오피오 대학 연구진이 2만 2461명을 대상으로 조사한 결과에서도 삶의 재미, 행복, 안락한 생활 등과 같은 삶의 만족도가 높은 사람일수록 더 오래 살았다. 이처럼 긍정적인 마음과 태도가 중요한 이유는 마음가짐이 우리의 면역 체계를 강화하고 궁극적으로 질병에 맞서 싸우는 능력을 길러주기 때문이다. 긍정적이고 낙관적인 인생관이 결국 건강과 장수에 좋다는 얘기다. 실제로 자주 웃으면 면역력에 중요한 작용을 하는 NK 세포가 활성화된다는 사실은 이미 증명됐다. NK 세포Natural Killer cell는 혈액 내 림프구의 일종으로 악성 종양인 암세포나 바이러스에 감염된 세포를 파괴하고 죽인다(《매일경제》 2013. 1. 15.).

요즘은 건강 전문지뿐만 아니라 일간지, 심지어 경제지에서도 건강에 대한 특집 기사를 다루는 일이 많아졌습니다. 그만큼 현대인이 건강에 관심이 많고 건강을 걱정하는 사람이 많아졌다는 반증이 아닐까 생각합니다.

사람의 위 점막은 일주일 사이에 완전히 새로운 조직으로 교체된다고 합니다. 피부는 약 한 달 사이에 새로운 피부 조직으로 교체되고, 피부 밑의 지방 조직은 3주마다 새롭게 교체되며, 근육은 약 3개월을 주기로 새 것으로 바뀌고, 간세포는 두세 달 만에 새로운 세포로 바뀐다고 합니다. 이는 미국 캘리포니아 UCLA 오크리지 연구소에서 방사성동위원소에 의한 실험으로 밝혀진 객관적인 자료입니다. 결국 사람은 매일 새로워진다고 할 수 있습니다.

〈EBS 지식 채널 e〉라는 TV 프로그램에 나온 '인류를 지켜온 방탄 조끼'에 따르면, 폭소 비디오를 본 사람들의 혈액을 조사한 결과 병균을 막는 항체가 200배 증가했습니다. 미국 스탠퍼드 대학의 윌리엄 프라이 박사는 20분 동안 웃는 것이 3분 동안 격렬하게 노 젓는 운동량과 비슷하다고 말합니다. 미국 UCLA 병원의 프리드 박사는 하루에 45분 동안 웃으면 고혈압이나 스트레스 같은 현대적인 질병도 치료가 가능하다고 말합니다. 즐겁게 웃는 것만으로도 얼마든지 육체적 건강을 누릴 수 있다는 것을 증명하는 실험 결과인 것이지요. 돈 한 푼 안 들이고 매일 웃기만 해도 산삼 보약을 그때그때 먹는 셈입니다.

하지만 이러한 정보를 알고 있다고 해서 내가 행복해지지는 않습니다. '웃으면 복이 온다'는 말은 누구나 압니다. 그러나 웃으면 복이 오는 것을 실제로 체험해볼 때까지 지속적으로 웃어본 적이 있습니까? 내 삶이 즐거워지는 것의 핵심은 지식이 아니라 체험입니다. 누구나 웃을 수 있지만 실제로 웃음을 습관화해서 그 효과를 체험한 사람이 얼마나 될까요?

강사로서 또 코치로서의 제 신념은 '내가 먼저 체험해서 증명한 것을 교육 대상자나 코칭 받는 이에게 전하는 것'입니다. 내가 먼저 웃음의 효과를 체험하고 증명해야지, 다른 사람의 사례를 단지 옮겨서 "그렇다더라!" 하고 입으로만 말하는 것은 지식 장사에 불과하다고 생각합니다. 그리하여 5년 전쯤 웃음을 통해 내 안의 즐거움을 샘솟게 하는 체험을 하기 위해 다양한 방법으로 웃음의 힘을 실험하기로 결심했습니다.

처음에는 까만 비닐봉지를 머리에 뒤집어쓰고 웃어봤습니다. 슈퍼마켓에서 물건을 살 때 담아주는 그 까만 비닐봉지 말입니다. 왜 비닐봉지를 뒤집어쓰고 웃었느냐고요? 그것은 큰 소리로 한두 번도 아니고 계속 웃으면 아파트 아래윗집에 피해를 줄 수도 있다고 생각했기 때문입니다. 그래서 아내에게 아파트 현관문을 닫고 엘리베이터 앞에 서 있으라고 하고, 나는 안방에서 문을 닫고 머리에 까만 비닐봉지를 뒤집어쓴 채 큰 소리로 웃었습니다. 한참을 웃고 난 뒤 아내에게 들어오라고 해서 현관문 밖에서 웃음소리가 들리는지 물어봤더니 들린다고 했습니다.

그래서 이번에는 큰 종이 상자를 뒤집어썼습니다. 가슴까지 내려오는 상자를 쓰고 다시 큰 소리로 웃었습니다. 그래도 웃음소리가 들린다고 했습니다. 현관문 밖에서 들린다면 아랫집이나 윗집에서도 당연히 들릴 것 아니겠습니까? 나 좋다고 맘껏 웃는 게 이웃에게 피해가 되면 안 된다고 생각해서 이번에는 이불을 뒤집어쓰고 다시 한 번 큰 소리로 웃어보았습니다. 그런데 이번엔 밖에서는 들리지 않았지만 제가 답답해서 계속 웃을 수가 없었습니다. 결국 그날은 자유롭고 편안하게 웃을 수 있는 방법을 찾지 못했습니다.

그러던 어느 날 지방에서 강의를 마친 후 회사 동료들과 함께 서울로 올라오는 길이었습니다. 마침 마스터코치가 큰 소리로 웃었습니다. 그 순간 우리 모두 같이 큰 소리로 웃기 시작했지요. 웃음이 전염되기라도 한 듯 점점 더 큰 소리로 웃었습니다. 그렇게 시작된 웃음은 대구에서 용인에 올 때까지 거의 두 시간 이상 계속됐습니다.

그런데 놀라운 일이 일어났습니다. 두 시간 동안 쉬지 않고 웃었더니 답답하고 걱정스러웠던 것이 순식간에 어디론가 날아간 듯 몸과 마음이 갑자기 가벼워졌습니다. 체한 속이 뻥 뚫린 것 같기도 했고, 가끔 뒷머리가 뻑뻑하고 어깨가 결리기도 했는데, 머리가 맑아지고 어깨도 말로 표현할 수 없을 정도로 부드러워졌습니다. 무엇보다 기분이 좋아졌습니다. 그리고 또 하나, 드디어 남한테 피해를 주지 않고 자유롭게 웃을 수 있는 공간이 차 안임을 알게 되었죠.

그 후부터는 강의를 하러 갈 때면 차 안에서 보통 10분 정도 큰 소리로 웃습니다. 일주일에 두세 번은 10~20분씩 웃는 것이지요. 그러면 더욱 활기차게 강의가 진행됩니다. 제가 활기 넘치니 듣는 사람이 집중을 더 잘한다는 느낌이 듭니다. 기업체의 교육 담당자를 만나러 갈 때도 마찬가지입니다. 10분 내외로 차 안에서 크게 웃고 담당자를 만나면 언제나 활기차 보이고 밝아 보여서 기분이 좋다는 말을 듣게 됩니다. 영업 성공률 또한 높아졌습니다.

왠지 기분이 가라앉고 피곤함이 밀려올 때는 자동차 키를 들고 아파트 지하 주차장으로 갑니다. 차 안에서 한바탕 크게 웃고 나면 피로도 가시고 기분도 한층 좋아집니다.

도대체 무슨 까닭으로 웃음은 이런 위력을 발휘할까요? 큰 소리로 웃는 순간에는 자기도 모르게 걱정과 근심이 사라집니다. 큰 소리로 웃는 그 짧은 순간에 생각이 멈추고, 생각이 멈춘 그 찰나에 내면에 있던 본래의 즐거움이 모습을 드러내는 것입니다. 마치 짙게 드리운 먹장구름의 틈새가 벌어지면서 빛이 쏟아지는 것과 같습니다. 인간 내면의 즐거움은 마치 태양과 같아서 언제나 존재합니다. 걱정에 골몰해 있으면 즐거움은 그 힘을 발휘할 수 없습니다. 웃음은 바로 마음속에 잠재해 있는 즐거움이 드러날 수 있도록 걱정으로 가리워진 구름을 순식간에 걷어내는 역할을 합니다. 크게 웃는 짧은 순간 그 걱정 구름 틈새를 비집고 본래 있던 즐거움이 드러나 나를 따뜻하고 즐겁고 행복하게 만드는 것입니다.

자주 웃으면 내면의 즐거움이 솟아나서 부정적인 느낌이 긍정적으로 바뀝니다. 긍정적으로 바뀐 감정은 다시 마음을 이완시킵니다. 긴장된 마음이 풀어지는 것이지요. 봄날 얼음이 녹아서 맑은 물이 흐르는 것처럼 말이지요. 근심 걱정이 눈 녹듯이 사라진다는 말이 실감나는 순간입니다. 어렵고 힘들게만 보이던 현실이 큰 소리로 웃는 것만으로 조금 수월하게 느껴집니다. 웃음이 마음을 즐겁게 만들어 자신감을 회복시키기 때문이지요.

10분 정도 큰 소리로 웃고 난 뒤 즐거운 마음으로 "그것 봐, 기분이 좋아지니까 어려워 보이던 문제가 쉽게 보이잖아. 별것 아니야, 충분히 해결할 수 있어!" 하고 자기 스스로를 격려해보세요. 그 순간 어두웠던 고뇌의 터널이 끝나고 밝은 곳으로 나온 듯한 환희가 찾아옵니다. 그래서 웃음은 경쟁력이 됩니다. 물론 한두 번으로 되지는 않습니다. 꾸준히 반복해야 합니다. 그렇지만 어려울 때일수록 웃는 습관이 즐거운 느낌을 불러오고 일을 잘 해낼 수 있게 한다면 반드시 도전해볼 만한 습관이 아닌가요?

부정적인 감정 상태는 늘 편하게 하던 일도 힘들어 보이게 만들고, 자기도 모르게 긴장하게 합니다. 동시에 걱정도 몰려들게 합니다. 긴장과 걱정은 별일 아닌 일도 어려워 보이게 만듭니다. 그럴 때는 일단 큰 소리로 웃어보세요! 긴장이 풀리고 편안해지는 동시에 걱정이 줄어듭니다. 편안한 마음일 때는 어려운 일에도 유연하게 대처할 수 있고, 평소에는 미처 생각하지 못했던 창의성까지 발휘하게 됩니다. 좋은 아이디어가 샘솟기도 합니다. '아하! 이렇게 하면 되겠구나!' 하는 아이디어와 함께 자신감이 솟구칩니다.

걱정이 사라지면 즐거움이 솟아납니다. 마치 안개가 사라지면 해가 비치는 것과 같은 이치입니다. 하버드 대학교 출신의 의사이자 미국 초프라 행복 센터의 대표인 디팩 초프라가 주장하듯이, 70세쯤 되면 그동안 살아오면서 경험한 것을 통해 느낀 긍정적 또는 부정적인 기억과 그 결과물이 각자의 세포에 독특한 형태로 각인된다고 합니다. 그런데 대개 65세 이상 되면 세 명에 한 명꼴로 악성 종양에 걸린다는 통계가 있다고 초프라는 말합니다. 결국 내가 얼마나 긍정적인 느낌을 불러일으키는가가 65세 이후의 삶을 결정한다고 할 수 있겠지요. 걱정을 없애고 밝은 감정을 유지하도록 습관화해야 하는 이유는 분명합니다. 웃음이야말로 나를 지속적으로 건강하고 행복하게 만드는 최고의 보약이자 경쟁력이 되기 때문입니다.

✻ Self Question, Self Thinking ✻

❶ 웃으면 어려워 보이던 문제도, 심각해 보이는 일도 쉽게 해결되는 이유는 무엇일까?

----

❷ 웃음이 가장 필요한 때는 언제일까? 그리고 '웃음이 경쟁력'이라는 말의 진정한 의미는 무엇일까?

이미 이루어진
즐거운 상상을 하라

상상은 삶의 전부다. 다가올 미래의 시사회다.
— 앨버트 아인슈타인

프랑스의 심리치료사인 에밀 쿠에가 쓴 《자기 암시》에는 다음과 같은 내용이 소개되어 있습니다.

불면으로 고생하는 사람이 있다. 이 사람은 잠을 자려고 노력하지 않으면 편히 잠이 들 수 있다. 반대로 잠을 자려고 온갖 의지를 다하면 할수록 더욱 더 힘들어진다. 잊었던 어느 사람의 이름을 기억해내려고 애를 쓰면 쓸수록 더욱 더 그 사람의 이름은 모호해진다. 그러다가 "에이, 좀 있다가 생각이 나겠지" 하고 생각을 고쳐먹으면 문득 아무 노력도 안 했는데, 그 이름이 떠오르는 경험이 다 있을 것이다. 자전거를 처음으로 배울 때의 경험을 생각해보자. 핸들을 꼭 쥐고 넘어질까 봐 두려워하면서 자전거를 몰고 있는데, 갑자기 앞에 작은 장애물이 나온다. 그것을 피하려고 아무리 애를 써도, 자꾸만 자전거는 그 장애물을 향해 돌진한다. 참을 수 없는 웃음이 터져 고생할 때, 참으면 참을수록 웃음은 더 심하게 터져 나오는 경험도 모두들 해보았을 것이다. 이런 각기 다른 상황 속의 마음은 어떤 것일까? "넘어지고 싶지 않아, 그런데 넘어질 거야", "잠을 자고 싶어, 그런데 못 잘 거야", "그 김…… 김…… 아무개 씨의 이름이 뭐더라, 아, 생각해내지 못할 거야", "저 장애물을 피하고 싶어. 아, 하지만 부딪치겠지", "웃음을 멈추고 싶어, 하지만 난 못 해" 이처럼 의지와 상상 간에 싸움이 일어나면 늘 예외 없이 상상이 승리한다. 술을 끊고 싶지만 그렇게 하지 못하는 알코올 중독자들이 분명 많이 있다. 그들에게 물어보라. 그들은 아주 진지하게 대답할 것이다. "술을 절제하고 싶습니다"라고. 하지만 그들은 이내 '의지'에 반해 어쩔 수 없이 다시 술을 먹게 된다. 음주가 자신에게 얼마나 해로운지 잘 알면서. 같은 이치로 범죄자들은 본심은 그렇지 않음에도 범죄를 저지른다. 왜 그런 짓을 했느냐고 물으면 그들은 "나도 어쩔 수 없었습니다. 뭔가 나보다 강한 힘이 나에게 강요한 것 같습니다"라고 답한다. 그렇다. 알코올 중독자들과 범죄자들은 진실을 말하는 것이다. 그들이 한 짓은 강요된 것이다.

그런 행위로부터 자신을 지킬 수 없다고 상상함으로써…….

원하는 일을 자유롭게 할 수 있도록 해준다고 믿는 '의지'를 우리는 자랑스러워하지만, 사실 우리는 상상의 조종을 받는 꼭두각시에 불과하다. 상상을 다루는 법을 배울 때 비로소 꼭두각시놀음을 멈출 수 있다.

'나는 내 의도대로 살고 싶은데, 왜 내가 생각하는 대로 되지 않을까?' 하는 의문은 누구나 가져봤을 것입니다. 그 이유가 바로 여기에 있었습니다. 내가 의지를 발동하지만, 그 의지를 넘어서는 힘이 바로 나도 모르게 떠오르는 상상입니다. '술을 끊어야지' 하고 의지를 발동해도 어느새 떠오르는 술에 대한 좋은 상상이 술집으로 나를 끌고 가는 것입니다.

목표로 하는 일을 손쉽게 이루고자 할 때는 의지가 아니라 상상의 힘을 능숙하게 활용할 수 있어야 합니다. 이미 이루어진 상상의 힘을 활용하면 의지의 힘을 발동할 때 느끼게 되는 스트레스를 겪지 않을 수 있습니다. 동시에 목표를 쉽게 이룰 수 있게 됩니다. '이미 이루어진 긍정적인 상상'의 힘은 삶의 어디에도 적용이 가능합니다.

직장인이라면 누구나 승진을 원합니다. 사원에서 대리로, 과장에서 차장으로, 부장에서 임원으로 승진하고 싶어 합니다. 승진 스트레스는 줄이고 상사에게 확실히 인정받는 좋은 방법은 없을까요? 실제로 승진 대상자 명단에 오른 사람들은 승진 시기가 되면 스트레스로 인해 일손을 놓는 경우가 많습니다. 승진 시기에 업무 능률이 떨어진다고 말하는 기업체도 많습니다. 자, 어떻게 해야 승진 스트레스와 압박감에서 해방될 수 있을까요?

상사와 동료에게 인정받는 가장 좋은 방법은 이미 승진한 것처럼 일하는 것입니다. 통상 대리의 업무란 주어진 일을 주어진 시간 내에 처리하는 것일 테고, 과장은 주어진 업무를 처리하는 것뿐 아니라 후배들이 조화롭게 일할 수 있도록 도와주는 일이 중요하다고 볼 수 있습니다. 이때 대리가 과장으로 승진할 수 있는 좋은 방법은 이미 과장이 된 듯 일하는 것입니다. 즉 자신에게 주어진 일만 처리하는 것이 아니라, 팀 내 업무가 효율적으로 이루어지도록 주변의 동료 혹은 후배의 일까지 챙기는 것이지요. 이미 승진된 입장, 다시 말해 과장의 시각으로 일하는 것입니다.

대리가 과장처럼 일하게 되면 어떤 일이 일어날까요? 동료나 후배의 업무를 도와주고 협조적으로 처리함으로써 '저 사람은 무엇이든 해결책을 제시해주는, 대리지만 과장처럼 일하는 사람'이라는 인정을 받게 됩니다. 물론 그렇다고 진짜 과장이 없는 것처럼 행동해서는 안 됩니다. 잘못하면 상사를 무시하는 행동으로 보일 수도 있으니까요. 조용히 자신의 일에 충실하면서 상사의 역할과 입장을 고려해 행동해야 합니다. 이런 부하 직원을 눈여겨보지 않을 상사는 거의 없습니다. 상사는 아마도 팀 내의 원활한 의사소통과 팀 업무의 효율성을 높인다는 측면에서 대리의 기여도가 높다고 인식하게 될 것입니다.

부장이라면 임원처럼 일하는 것입니다. 회사 차원에서 일을 추진할 경우, 자기 부서와 상대 부서 사이에 종종 충돌이 일어나기도 합니다. 이때 자기 부서의 이익을 상대 부서에 강요하면, 이것은 자기 부서에만 국한되는 좁은 시각에서 일하는 것입니다. 오히려 이들 부서를 총괄하는 임원의 입장에 서서 문제를 바라볼 필요가 있습니다. '회사의 이익을 최대화하려면 내 부서와 상대 부서가 어떻게 조화롭게 통합되어야 하는가?'라는 시각에서 문제를 풀어 나가야 하는 것이지요. 이것이 바로 임원의 입장에서 일하는 것입니다. 그렇게 되면 부서 이기주의가 사라지고 상사인 임원도 그 부장의 넓은 시야를 칭찬할 수밖에 없습니다. '어! 이 친구는 지금 당장 임원이 되어도 잘할 것 같은데!'라는 인식을 심어주게 되는 것이지요.

이미 한 단계 업그레이드된 시각에서 바라보면 직장뿐 아니라, 삶의 전환점에서도 큰 효과를 발휘할 수 있습니다.

대학교 수시 면접에서 있었던 일입니다. 한 학생이 면접이 끝날 때쯤 면접관들에게 이렇게 인사했습니다. "교수님, 입학식에서 뵙겠습니다!" 그 순간 면접을 보던 교수들이 동시에 크게 웃었습니다. 면접을 볼 때는 대부분 긴장합니다. 그래서 변변한 인사조차 잘하지 못합니다. 기껏해야 "잘 부탁드립니다!" 하고 끝냅니다. '잘 부탁드린다'는 말은 아직 합격되지 않은 상황에서 하는 인사말입니다. 하지만 '입학식에서 뵙겠습니다!'라는 말은 이미 합격되어서 고맙다는 느낌을 교수에게 심어줍니다.

이 학생은 어떻게 되었을까요? 당연히 합격했습니다. 물론 성적을 비롯한 다양한 요소들이 반영되었을 것입니다. 하지만 면접 때의 인사말이 깊은 인상을 심어준 것은 틀림없다고 봅니다. 이 학생은 이미 이루어진 일을 상상하는 훈련을 받은 적이 있습니다. 그래서 자신이 이미 그 대학의 학생이 되었다고 생각하고 면접에 임했으니 크게 떨거나 긴장하지 않았고, 여유 있게 인사말도 할 수 있었던 것입니다.

대기업에 근무하는 한 여직원이 지방 사업장에서 수도권 사업장으로 옮겨오게 되었습니다. 한 달간의 OJT 과정을 거치고 배치 면접을 받게 되었습니다. 배치 면접 때문에 스트레스에 시달리던 그녀가 코칭을 청했습니다. 저는 이미 원하는 곳에 배치받았다는 생각으로 면접에 임하라고 조언했습니다. 면접관들이 나를 어디에 배치할 것인지 '심사하는 것'이 아니라, '내가 원하는 자리에 갈 수 있도록 도와주는 고마운 분'이라는 생각을 갖도록 했습니다. 면접관들이 '내 능력을 잘 평가해서 내가 원하는 것을 전적으로 이해해주고 적극적으로 업무 배치를 고려해준다'는 상상을 하도록 말입니다. 그런 상상을 계속한 후 면접에 임하자 긴장이 풀리면서 자신의 생각을 자연스럽게 말하고 자신 있게 면접관의 질문에 대답할 수 있었다고 합니다. 일주일 후 그녀는 "제가 바라던 가장 좋은 연구소로 배치되었어요. 정말 기쁘고 고맙습니다!" 하고 인사를 전해왔습니다.

무언가를 이루고자 할 때 원하는 대로 이루어졌다고 상상하는 것은 현실에서 실행력을 높이는 데도 매우 큰 위력을 발휘합니다.

매일 고객을 만나서 거래를 성사시켜야 하는 영업 사원이라면 잠들기 전에 다음 날 방문할 고객과의 즐거운 만남을 상상해보세요. 반갑게 맞이해주는 고객의 얼굴, 설명을 잘 들어주면서 즐겁게 맞장구까지 쳐주는 고객의 모습을 상상하는 것입니다. 그리고 원하는 계약이 성사되어 고객과 함께 기뻐하고 감사하는 모습까지 상상해보세요. 처음에는 현실감이 떨어지고 어색하게 느껴집니다. 당연합니다. 낯설기도 하고 상상이 잘 안 되면서 더 불안해지기도 합니다. 하지만 포기하지 말고 매일 밤 같은 상상을 반복해보는 겁니다. 그러면 그 상상이 바로 눈앞에서 현실이 되는 체험을 하게 되는 날이 반드시 옵니다.

우리는 아직 일어나지 않은 일, 아직 결정되지도 않은 일 때문에 불안해하는 경향이 있습니다. 불안이 습관화되어 자기도 모르게 걱정이 떠오르는 것입니다. 하지만 이미 성공한 모습, 잘된 모습을 상상하고, 그 상상을 꾸준히 반복하면, 불안한 생각의 습관이 서서히 사라지게 됩니다. 아직 결정되지 않은 상황일 때는 당사자의 마음이 '스트레스 상태'냐, '즐겁고 자신감 넘치는 상태'냐에 따라 결과가 달라지는 경우가 많습니다. 마음 상태가 결과에 결정적인 영향을 미치게 되는 겁니다. '안 되면 어쩌지?' '안 될 것 같아' 하고 생각하는 사람에게 좋은 결과가 오는 경우는 거의 보지 못했습니다.

어떤 목표를 정하고 그 목표를 이루는 과정에서 걱정되고 불안하다면, 지금 즉시 그 목표를 이루었다는 상상을 먼저 해보면 어떨까요? 그런 상상이 습관화되면 목표를 향한 구체적인 행동 역시 달라지면서 좋은 결과를 얻을 수 있게 됩니다.

성공한 상황을 그리면 목표 달성에 대한 부담감이 줄어듭니다. 부담감이 없어지면 긍정적이고 자신감 넘치는 마음이 됩니다. 이렇게 되면 성공률이 높아집니다. 예를 들어 골프, 사격, 양궁 선수들이 마음속으로 이미 성공한 멋진 장면을 반복해서 상상하는 연습을 하는 것도 이런 이유 때문입니다. 불안을 사라지게 하는 편안한 생각은 자기의 실력을 유감없이 발휘하게 합니다.

지금까지 노력하기만 하는 삶을 살았다면, 지금부터는 '이미 이루었다는 즐거운 상상'을 해보기를 권합니다. 노력은 목표를 이루고 싶다는 욕망과 더불어 압박감과 의무감을 해소하기 위해 우리가 할 수 있는 가장 기본적인 일입니다. 하지만 노력만으로는 안 되는 일이 참 많습니다. 그리고 노력은 고통을 먼저 떠올리게 하고 목표를 향해 가는 과정을 힘들게 느끼게도 합니다. 게다가 어느새 목표와 방향을 잃고 고통스럽게 노력만 하는 자신을 발견하기도 합니다. 그래서 무조건 노력하기만 해서는 안 됩니다.

저도 '이미 이루었다는 즐거운 상상'의 효과를 몰랐을 때는 술을 끊지 못했습니다. 저는 20대 이후 30여 년간 하루에 소주 반 병에서 한 병을 거의 매일 마셨던, 알코올 중독에 가까운 애주가였습니다. 술 약속이 있는 경우는 대개 만취 상태가 되어 귀가했고, 술 약속이 없어도 혼자 집에서 술을 마시곤 했습니다. 끊어보려고 시도하긴 했지만 번번이 실패했고, 작심삼일에 그친 적도 수없이 많았습니다. 술을 마시는 순간의 느낌과 술을 마시고 난 후의 느긋함 그리고 적당히 기분 좋은 상태가 자꾸 떠올랐기 때문에 술을 끊을 수 없었던 것입니다. 그러다가 이미 이루어졌다는 즐거운 상상을 배우고 난 후부터는 술을 마시고 싶을 때마다 취하지 않은 상태의 맑은 정신과 집에 들어가 가족과 즐거운 시간을 보내는 상상을 계속했습니다. 만취한 상태와 알코올로 망가져가는 모습이 아닌, 평화롭고 잘 정리된 삶을 상상하는 것만으로도 즐거웠습니다. 그렇게 상상을 반복하자, 그제야 술로부터 자유로워졌습니다.

＊ Self Question, Self Thinking ＊

❶ 애써서 노력하는 것보다 그것이 이미 이루어졌다는 상상을 하면 훨씬 더 수월하게 원하는 것을 이룰 수 있는 이유는 무엇일까?

----

❷ 이미 이루어졌다는 상상을 적용하고 싶은 문제에는 어떤 것이 있을까?

감사한 마음이
감사할 일을 만든다

우리는 우리가 반복해서 행동하는 바로 그것이다.
그러므로 탁월함이란 어떤 행위가 아니라 습관이다.
– 아리스토텔레스

　허기가 져서 허겁지겁 먹거나 아니면 살찌는 걸 걱정하면서 밥을 먹어본 적이 있나요? 그러면 어떻습니까? 체하기도 하고, 소화가 되지 않아 소화제를 찾게 되기도 하지요. 그런데 어머니가 정성껏 차려주신 밥을 먹을 때, 아내가 행복한 기분으로 차려준 밥을 먹을 때는 어떤가요? 어머니의 사랑에, 아내의 정성에 진심으로 감사하는 마음을 느낀다면 반찬이 많지 않아도 맛있게 느껴집니다. 감사한 마음으로 먹을 때는 소화제가 필요 없습니다. 이런 때는 위가 음식을 소화하는 게 아니라, 바로 감사하는 마음이 소화를 시키는 것입니다.

잠을 잘 때도 마찬가지입니다. 많은 사람들이 잠자리에 들면서 오늘 하루 일어난 일을 생각합니다. 그런데 피곤했던 일, 실수했던 일, 화가 났던 일을 떠올리면 잠이 잘 오지 않습니다. 좋지 않은 기분이 잠을 쫓아버리고 겨우 잠이 들더라도 깊이 잠들지 못합니다. 반면에 조용히 "감사합니다!" 하고 마음속에서 반복하거나, 오늘 한 일 가운데 감사한 것을 찾다 보면 마음이 편안해지면서 저절로 잠이 듭니다.

사람과의 관계는 어떨까요? 보통 누구에게나 만나고 싶지 않고 미운 사람이 있습니다. 그런 사람을 생각하는 것만으로도 화가 나고 기분이 나빠집니다. 그런데 이런 감정 상태에 있으면 오히려 내가 불편하고 힘이 듭니다. 그럴 때 '감사합니다'를 반복해보는 겁니다. 그 사람을 왜 미워하게 되었는지, 왜 만나고 싶지 않은지를 떠올리지 말고, 그냥 '감사하다'고 생각을 바꾸는 겁니다. 그렇다고 그 사람이 바로 좋아지지는 않습니다. 여러 번 반복해도 감사한 마음이 들지 않을 수도 있습니다. 그럴 때는 그 사람을 연민의 시선으로 바라보면 좋겠습니다. 나는 미워하지만, 누군가에게는 좋은 아버지일 수 있고 자상한 남편일 수 있습니다. 연민의 시선을 갖게 되면 최소한 미운 감정은 조금씩 사라짐을 알 수 있습니다. 나아가 꾸준히 그 사람에게 자주 고마운 점을 느끼게 되면 마침내 그 사람을 포용할 수 있게 됩니다. 이때 비로소 미워하던 마음에서 완전히 벗어날 수 있습니다. 이처럼 내 마음이 상대방에게 감사함을 느낄 때 인간관계의 개선이 이루어집니다.

만일 부부 사이에 짜증스럽고 싫어하는 감정을 자주 느낀다면, 부부 중 누구라 할 것 없이 먼저 상대방에게 감사한 마음을 표현해보세요. 그러면 부부 사이에 미워하고 불편해하던 감정은 짧은 시간 내에 사라지게 됩니다. 저는 출근 준비를 할 때 아내가 저에게 스스로 좀 챙기라고 말해도 그것이 서운하게 느껴지지 않습니다. 그 이유는 아내가 어린이집 원장으로서 자기 일에 자부심을 가지고 원아들을 정성껏 대할 뿐만 아니라, 집에서도 딸들을 섬세하게 챙기는 것이 항상 고맙게 느껴지기 때문이지요. 아내가 매일 아침에 다려주는 와이셔츠의 따뜻한 온기를 떠올리면 오히려 고마운 마음이 새록새록 돋아나기도 합니다. 그러면 아내에게 서운하기보다 아내를 더욱 이해하고 협조해야겠다는 마음이 커집니다.

그러나 일반적으로 '감사합니다!'를 반복해도 감사보다는 오히려 짜증이 나는 경우가 있지는 않은지요? 그 이유는 현재 상대에 대해서 느끼는 습관적인 생각인 '미움', '짜증', '원망'이 먹구름처럼 '감사'를 가리고 있기 때문입니다. 미움, 짜증, 원망으로 가득한 마음 상태는 수명이 다 된 고물 자동차를 타고 도로를 주행하는 것과 같습니다. 아무리 빨리 달리고 싶어도 차가 말을 듣지 않습니다. 툭하면 시동이 꺼집니다. 언덕길이라도 오르려면 엔진에 무리가 가기 때문에 무더운 여름날에는 에어컨을 꺼야 합니다. 뻥 뚫린 고속도로라도 달리려면 언제 엔진이 멈출지 몰라 좌불안석이겠죠.

반면에 감사한 마음의 상태는 아무리 꽉 막힌 도로라 할지라도 운

전자의 마음을 여유롭고 느긋하게 만들어줍니다. 저는 가끔 이런 경험을 합니다. 도로가 막혀서 도저히 약속 시간에 도착할 수 없을 것 같을 때가 있습니다. 그런데 이때 꽉 막힌 도로처럼 마음이 불안하고 답답하면 대체로 약속 시간에 늦습니다. 그런데 약속 시간에 늦을 것 같아도 불안해하지 않고 감사한 느낌을 갖게 되면 꽉 막힌 도로가 그다지 답답하게 느껴지지 않으면서 놀랍게도 상대방에게서 먼저 전화가 걸려옵니다. 상대는 이렇게 말합니다. "죄송합니다. 사정이 생겨서 30분쯤 늦을 것 같습니다."

몇 해 전 출간된 책《감사의 힘》에는 UC 데이비스 대학교 심리학과의 로버트 에먼스 교수와 마이애미 대학교 심리학과의 마이클 매컬러프 교수의 흥미로운 실험이 소개되어 있습니다. 감사하는 태도가 육체적, 정신적으로 어떤 영향을 끼치는지 알아내기 위한 실험이었지요. 두 교수는 대학생 가운데 지원자를 뽑아서 매일 고마움을 드러내는 데 집중하게 했습니다. 예를 들어 "제 남자 친구는 정말 친절하고 헌신적이에요"라든가 "그렇게 멋진 일출을 본 것은 처음이었죠. 깨워줘서 고마워요" 같은 말을 1년 동안 실천하게 한 것입니다. 1년 후 실험 참가자들이 느낀 변화는 다음과 같습니다.

"삶에 대해 더 행복하다고 느끼게 되었다."

"낙천적인 성격으로 변했다."

"활력이 넘치는 생활을 하게 되었다."

"열정적으로 활동하게 되었다."

"결단력이 강해졌다."

"다양한 것에 흥미를 느끼게 되었다."

"유머 감각이 생겼다."

"힘든 일을 처리하는 데 자신감이 붙었다."

"숙면을 취하게 되었으며 눈에 띄게 건강해졌다."

"인생의 목표를 수립했으며, 그것을 이루기 위해 노력하게 되었다."

"스트레스에 강해졌다."

이처럼 감사의 힘을 알게 되면 마음속에서 일어나는 원망, 짜증, 미움 같은 감정에 사로잡혀 살아가는 것이 얼마나 손해 보는 일인지 깨닫게 됩니다. 나를 행복하게 하는 힘은 바로 나 자신에게 있습니다. 지금 당장 그 감정을 바꾸어야 합니다.

오늘부터, 아니 지금부터 당장 "감사합니다!" 하고 하루 종일 반복해보는 겁니다. 그런데 채 3분이 지나기도 전에 걱정이 마음을 사로잡을지도 모릅니다. 방금 시작한 "감사합니다!"는 온데간데없고 3분 전에 반복하고 있던 걱정이 다시 떠오릅니다. 자기도 모르게 걱정이 마음속을 차지하고 있기 때문이지요. 하지만 그 순간 바로 다시 "감사합니다!" 하고 반복하면 됩니다. 또다시 걱정이 스멀스멀 일어날 것입니다. 그러면 또다시 단호하게 "감사합니다!" 하고 반복하면 됩니다.

반복하는 횟수와 감사한 느낌만큼 마음이 맑아집니다. 녹음기에 "감사합니다"를 녹음해서 반복 재생해놓으면 끊임없이 "감사합니다"가 흘러나오듯이, 마음을 녹음기라고 생각하고 "감사합니다"를 수없이 반복하는 것입니다. 그러면 어느 순간 "감사합니다"의 느낌이 마음속에 깊이 새겨져서 정말로 항상 감사하는 마음을 갖게 됩니다. 어쩌면 매일 "감사합니다"를 100번씩 해도 아무런 변화가 생기지 않을 수도 있습니다. 그렇지만 그것이 한 달, 두 달, 1년을 넘어가면 자기도 모르게 마음속에서 "감사합니다"라는 말과 느낌이 저절로 흘러나오게 됩니다. 가장 중요한 것은 꾸준히 반복해서 "감사합니다" 하고 실천하는 것입니다.

하늘에서 산꼭대기로 떨어진 한 개의 작은 빗방울은 순식간에 땅속으로 스며들어 흔적을 찾기 어렵습니다. 하지만 땅속으로 스민 한 방울 한 방울의 빗방울들이 마침내 서로 모여서 산기슭의 샘터에서 맑은 샘물로 솟아납니다. 이 샘물이 흐르고 흘러 다른 물과 합쳐지면 맑은 계곡물이 되고 폭포가 되어 떨어집니다. 물 한 방울이 땅속으로 스며들듯이, 우리 마음속에도 감사함을 깊이 스며들게 해보는 겁니다. 처음에는 낯설어서 반복하지 못하고 자주 잊어버릴 수도 있습니다. 하지만 계속 반복하다 보면 어느새 마음속에 감사의 큰 물줄기가 흐름을 이루게 됩니다. 그러다가 드디어 바다에 도달하는데, 이때 바다는 감사로 인해 얻게 되는 즐겁고 기쁜 일들이 내 삶 어디에서나 흘러넘치는 고마움의 바다입니다.

17년 동안 정신과 병동에서 수간호사로 재직하다가 과감히 직장을 그만두고 박사 과정에 도전한 사람이 있습니다. 이 사람은 박사 과정

중에 대학 교수로 임용되었습니다. 평소 마음에 녹아 있는 감사의 힘
이 감사한 일을 불러온 좋은 사례입니다.

　박사 과정에 있는 후배가 찾아왔다.

　"선배님, 너무 힘들어요. 수업 때마다 과제도 너무 많고, 특히 지
금 논문 계획안을 발표해야 하는데 심사에 통과할지 무척 불안해
요. 선배님은 어떻게 그렇게 빨리 끝내셨어요? 제가 박사 과정을
끝낼 수나 있을까요? 몇 년이나 걸릴까요? 석사 때도 참 힘들었는
데, 지금은 죽을 것 같아요. 선배님 박사 과정 때 옆에서 보니 웃으
면서 지나가시는 것 같았어요. 초고속으로 논문도 통과하시고, 정
말 실력이 대단하신 것 같아요. 그런데 저는 어쩌죠?"

　후배는 노하우를 알려달라고 조른다.

　"내가 능력이 뛰어난 건 아니야. 비결이라면, 먼저 감사부터 하
는 거지. 이미 박사가 되었다 생각하고 논문도 쓰고, 지도 교수님
께도 감사하게 대해봐. 모든 분들이 후배의 논문을 멋지게 쓸 수
있게 지도해주시는 분들이잖아. 이미 박사 논문이 통과됐다고 생각
해봐. 그럼 기분이 어때? 아주 즐겁지? 그런 기분을 느끼면서 진
행해봐."

　"그게 어떻게 그렇게 돼요? 아직 다 쓰지도 않았는데 건방지게.
그리고 제 논문은 제가 봐도 형편없어요. 어휴, 어떻게 이루어진
것처럼 감사해요? 특히 저를 가장 힘들게 하는 지도 교수님들, 정

말 꿈에 나타날까 두려워요. 이렇게 해 가면 저렇게 해라, 저렇게 해 가면 이렇게 해라. 박사 과정 끝나면 정말 끝이에요. 그날만 기다려요. 그분들과는 인간관계 끝이에요."

후배랑 이야기를 나누다 보니 지난 박사 과정 공부할 때가 생각난다. 그때는 박사 학위도 없었는데 박사 과정 수업을 받으면서 교수로 임용이 되었다. 신입 교수로서 낮에는 강의와 학교 일, 특히 교과부 사업을 진행하는 핵심 파트에서 정말 바쁜 나날을 보냈다. 그러다가 수요일이면 다음 날 박사 과정 수업 과제를 밤새 준비해서 가고, 그러면서 논문을 썼다.

당시 내가 늘 마음에 품었던 생각은 마스터코치님한테 배운 대로 하는 것이었다.

"이미 넌 박사다. 모든 교수님이 너를 도와주시는 분이야. 진심으로 고마워해봐."

그 말씀을 생각했다. 마스터코치님은 늘 나를 부를 때 '조 박사'라고 불렀다. 아직 박사도 아닌데. 쑥스럽기도 했지만 그렇게 불릴 때마다 정말 내가 박사인 것처럼 행동하게 되었다. 그리고 논문의 시작은 내가 열었으나 나머지는 지도 교수님과 모든 심사 교수님들께서 써주신 셈이다.

수정하라는 대로 '수정하고, 지도받고'를 반복했다. 심사위원장이 "조 선생 논문은 처음에는 20점짜리였는데, 이제는 90점짜리가 되었네요. 이렇게 잘 쓸 것을 처음에는 왜 그랬어요?"라고 하시는데, 대답을 못했다. 내가 한 게 없었다. 교수님들이 다 수정해주셨다. 내가 한 것은 "수정해주셔서 감사합니다" 하고 진심으로 말씀드리는 것뿐이었다. 이미 된 것처럼 느끼고 감사하고, "모든 분들이 나를 도와주시는 분들이다. 감사합니다" 하고 주문처럼 외웠더니, 박사 학위가 나왔다.

내가 늘 이런 마음으로 지낸 건 아니다. 마스터코치님을 만나기 전 석사 논문을 쓸 때는 울기도 많이 했다. 예민해질 대로 예민해져서 잠도 못 자고, 신경질적인 성격이 되어 주변 사람들과도 마찰이 많았다. 늘 하던 일인데도 마음 상태가 좋지 않으니 일을 하면서도 늘 시큰둥하고 재미없었다. 사소한 것에도 억울하고, 자존심은 낮아질 대로 낮아져서 스스로 할 수 있는 게 없는 것 같았다. 특히 교수님들과는 서운해서 만나기도 싫었다. 그랬던 내가 코칭을 받고부터는 변했다. 어떤 일이 주어지면 잘 마무리된 결과를 상상하면서 "감사합니다. 이미 이루어졌습니다. 감사합니다" 하고 주문처럼 반복해 말한다. 그러면 그 주문을 뒤따라 올라오는 느낌은 '할 수 있다'는 자신감이다. 이런 마음 상태에서 즐겁게 집중했다.

보통 어떤 일이 주어지면 사람들은 결과가 어찌 될지 몰라 두려워하고, '안 되면 어쩌지?' 하는 생각을 먼저 한다. 어려운 점을 생각하고, 결과가 나쁠 때 어떻게 처리할지, 일을 힘들게 하는 사람들은 어떻게 피할지 등을 생각하며 두려움과 걱정에 휩싸인다. "감사할 일이 생겨야 '감사하다'는 말을 하지, 어찌 미리 할 수 있나?" "좋은 느낌은 잘 들지 않는다"라는 말을 하면서 말이다. 그렇지만 감사한 마음은 감사한 현실을 만들어낸다. 그리고 미래는 내가 현재 느끼는 마음 상태대로 이루어진다. 아! 참 감사하다. 나를 도와주시는 분들에게 진심으로 감사하는 마음을 느낀 것이 박사 학위를 쉽게 취득하게 된 비결이었다(《생각의 힘》 2012. 겨울호).

감사하는 습관을 들이려면, 처음에는 눈앞에 바로 보이는 것에 대한 감사로 시작하면 됩니다. 식사를 준비해준 아내에게 감사하고, 아이들이 건강한 것에 감사하고, 길을 걷다가 멋진 자연을 접할 수 있음에 감사하면 됩니다. 이렇게 주변의 사람들이나 자연에 감사하다 보면, 그 감사함 때문에 마음 또한 감사함으로 가득 넘치는 경험을 하게 됩니다.

저는 아침에 눈을 뜨면 "감사합니다" 하고 반복합니다. 특히 출근길에 지하철에서 보내는 한 시간여 동안은 계속 "감사합니다" 하고 반복합니다. 그러다 보니 감사한 일을 자주 겪게 됩니다. 전철에서 한두 정거장만 지나면 내 앞의 사람이 일어나 금방 앉게 됩니다. 정말 감사하게도 말입니다. 집 근처의 할인마트나 차가 많아서 주차가 어려운 주차장에서도 차를 몰고 들어가면 내 앞에 있는 차가 빠지면서 주차할 공간이 생깁니다. 식당에서도 "감사합니다" 하고 반복하면 종업원이 반찬을 많이 가져다주고 아주 친절하게 대해줍니다. 일상에서 늘 고마워하는 마음을 갖기 위해서는 무엇보다도 꾸준하게 '감사합니다'를 반복하는 것이 좋습니다. 저는 10년 가까이 거의 매일 '감사합니다'를 하루에도 수십 번, 수백 번씩 반복해왔습니다. '감사합니다'를 반복하면 마음속의 부정적인 감정이 저절로 없어집니다. 그리고 건강도 쾌적한 상태를 유지하게 됩니다. 감기에 걸린 기억이 까마득한 것도 감사한 마음이 만들어낸 결과가 아닐까 생각합니다.

✱ Self Question, Self Thinking ✱

❶ 하루에 몇 번 정도 "감사합니다" 하고 말하는가?

----

❷ 지금 이 순간 떠오르는 감사한 내용을 적어보면?

다른 사람과 함께 즐거워야 나도 즐겁다

누군가를 공감해주는 것보다
더 달콤한 일은 없다.
– 조지 산티아나

A와 B라는 사람이 있습니다. A는 주변에서 자주 접할 수 있는 유형입니다. B는 자주 접하지는 못하지만 간혹 만나게 됩니다. A는 무슨 일이든 먼저 비난으로 이야기를 시작합니다. 잘못된 것을 먼저 보고, 문제를 찾아내고, 이를 지적하고 비난하는 일로 대화를 끌어갑니다. A와 같은 사람은 자신의 이야기에 누군가가 끼어들거나 다른 의견을 이야기하면 곧바로 화를 냅니다. 싫은 것을 참지 못하고 자기 감정을 다른 사람에게 바로 드러내 보입니다. 자기 기분을 알아주지 않는 사람을 싫어하고 비난하는 일도 많습니다. 그런 A는 이상하게

감기에도 자주 걸리고 몸이 자주 아픕니다.

그런데 B는 A와 좀 다릅니다. 크게 화를 내는 일도 없고, 다른 사람과 대화할 때도 먼저 말을 꺼내지 않고 상대의 이야기를 들어줍니다. 그리고 자신이 무엇을 도와줄 수 있을지 생각합니다. B는 항상 편안한 얼굴이고 느긋해 보입니다. 다른 사람과 충돌하는 일이 별로 없고, 모든 일에 지혜롭게 처신합니다.

누가 더 행복할까요? 누가 스트레스에서 더 자유로울까요? 물어볼 필요도 없이 B입니다. B는 늘 즐겁고 여유롭고 행복한 삶을 누리는 존재라고 할 수 있습니다. 그렇다면 나는 어느 쪽에 속합니까? 특히 직장에서 나는 어느 쪽에 속하나요? A처럼 무엇이든 비난하고 지적해야 한다고 생각하는 상사가 있다면, 그는 자신이 지적해야 부하 직원들이 제대로 일을 한다고 굳게 믿고 있을 가능성이 높습니다. 상대를 믿지 않고 오로지 자신의 판단만 믿는 경우입니다. 이런 사람들의 말과 생각은 항상 다음과 같은 이야기로 가득합니다.

"자네는 왜 이렇게 덤벙대지?"

"나라면 이런 일 정도는 하루면 되는데 왜 사나흘씩이나 걸려? 자네는 왜 이렇게 느려!"

"좀 더 잘할 수 없어? 능력이 이것밖에 안 돼?"

그런데 이런 말을 들은 사람의 기분은 어떨까요? 좋을 리가 없겠지요. 문제는 그렇게 말하는 순간 그 말을 내뱉은 당사자의 감정 상태도 나빠진다는 것입니다. 일 자체만을 가지고 의견을 제시하면 감정이 크게 실리지 않기 때문에 말하는 사람이나 듣는 사람이나 감정이 상하지 않습니다. 그런데 나쁜 감정을 가지고 말을 하면 그 나쁜 감정이 상대에게 그대로 전해집니다. 그리고 그렇게 말한 자기 마음도 좋지 않습니다. 시원하게 상대방을 꾸짖었으니 후련할 것 같지만, 실은 내 마음뿐 아니라 몸도 스트레스를 심하게 받습니다.

하버드 대학교 의과대학 출신의 의사인 디팩 초프라는《마음의 기적》에서 의사로서 본인이 직접 체험한 사례를 통해 우리에게 경종을 울려줍니다.

어느 날 42세의 회사 임원인 에버리 씨(등장인물의 이름은 모두 가명이다)에게서 전화가 걸려왔다. 그는 나에게 지난 몇 달간 가슴에 경미한 통증을 느껴왔다면서, 우울하거나 불안할 때, 일의 마감 시간을 맞추려고 서두를 때 고통이 찾아온다고 했다. 그런데 운동을 할 때는 괜찮다고도 했다. 그의 설명을 들어보니 협심증인 것 같았다. 협심증은 심장에 혈액 공급이 제대로 안 될 때 일어나는 병으로, 특히 그의 경우는 심장에 혈액을 공급하는 관상동맥의 경련 때문에 생긴 통증으로 짐작되었다. 동맥경화로 인해 혈관이 수축되는 것을 몸이 막으려고 할 때 그런 통증이 생겨난다. 나는 그에게 검사를 받으러 진료실로 나오는 게 좋겠다고 말했다. 내 말을 듣자마자 그는 갑자기 흥분하기 시작했다. 자기는 시간이 없으며, 한순간도 일을 떠날 수 없다는 것이었다. 하지만 통증을 느끼는 일이 잦아지면서 결국 나에게 오는 데 동의했다.

에버리 씨는 대기실에서 극도로 흥분하고 있었다. 진료실 밖에서 15분을 기다려야 했기 때문이다. 그는 접수계원을 향해 자신은 너무 바빠서 단 1분도 낭비할 수 없으며, 의사가 곧바로 진료할 수 없다면 처음부터 예약을 받지 말았어야 했다고 소리를 질렀다. 잠시 후 내가 검사실에서 에버리 씨를 보았을 때, 그는 화가 머리끝까지 나 있었다. 그는 의사들은 자기 시간만 귀한 줄 알지 환자들의 시간에는 신경도 쓰지 않는다면서 나에게 대놓고 불평을 터뜨렸다. 검사를 마친 뒤 나는 그에게 불안정한 협심증이 있는 것 같다고 말했다. 또한 검사를 더 받기 위해 입원하는 게 좋겠다는 말도 덧붙였다. 내 말을 들은 에버리 씨는 완전히 자제력을 상실했다. 그는 내 충고를 도저히 받아들일 수 없다고 소리치면서 정신없이 고함을 질러댔다. 급기야는 입에 거품을 물고 핏기 없는 얼굴로 가슴을 움켜쥐면서 쓰러지기까지 했다. 심장박동이 정지된 것이 분명했다.

나는 재빨리 심폐소생술을 시도했지만 아무 소용이 없었다. 그 환자는 내 진찰실로 걸어 들어온 지 20분 만에 숨을 거두고 말았다. 나중에 검시를 해보고 나서 나는 내 추측이 정확했음을 확인할 수 있었다. 그는 심근경색 중 심장발작을 일으킨 것이었다. 하지만 관상동맥은 깨끗했고 동맥이 막힐 때 나타나는 패색증도 없었다. 그러니까 그의 심장발작은 관상동맥 경련에 의한 것임이 분명했다. 아마도 적대감, 분노, 초조함, 두려움, 지나친 강박관념이 그 원인이었으리라. 강렬한 부정적인 감정, 즉 적대감과 두려움이 뇌하수체 부신 제2경추를 통해 호르몬을 분비시킴으로써 복잡한 생리 변화가 일어난 것이다.

에버리 씨는 작은 일에도 극도로 흥분하고, 늘 시간이 없었으며, 한순간도 일을 떠날 수 없었습니다. 마음에 들지 않으면 상대가 누구든 가리지 않고 불평을 터뜨리며, 고함을 질러대기까지 했지요. 이런 그의 모습과 지금 이 순간 겹쳐져 떠오르는 사람은 없습니까? 아니면 혹시 나의 모습은 아닐까요?

어떻게 해야 별일 아닌 일에도 화를 내고 조급해지고 자주 몸이 아픈 현실을 바꿀 수 있을까요? 지포라이터를 아시지요? 지포라이터는 한번 불을 붙이면 웬만한 바람에도 잘 꺼지지 않습니다. 반면에 일회용 라이터는 조금만 바람이 불어도 쉽게 불이 꺼집니다. 똑같은 라이터지만 성능은 차이가 많습니다. 사람도 이와 비슷합니다. 부정적인 무의식을 가진 사람은 어떤 상황에서도 부정적으로 생각하고 행동하기 때문에 쉽게 행복을 느끼지 못합니다. 하지만 긍정적인 무의식을 가진 사람은 작은 일에도 긍정적으로 생각하고 감사하는 마음으로 행동하기 때문에 항상 행복감을 느낍니다. 마치 지포라이터가 바람에 영향을 받지 않는 것과 마찬가지로 무의식이 긍정적으로 형성되어 있는 사람은 다른 사람들과 조화롭게 지내는 데 별 어려움이 없습니다. 상대를 존중하고, 배려하면서 친절함으로 대하고 변함없는 즐거움을 느끼게 합니다. 반면에 일회용 라이터처럼 주변의 작은 자극에도 민감하게 반응하는 사람은 평화롭고 느긋한 삶과는 거리가 있는 삶을 살게 됩니다.

대인관계를 근본적으로 변화시키고 싶다면 외부가 아닌 자기 안에서 답을 찾아야 합니다. 내면에 있는 부정적인 생각과 타인에 대한 비난 등을 멈추고, 긍정적이고 포용하는 생각의 힘을 활용할 줄 알아야 합니다.

우리는 누구나 자기 자신과 대화할 수 있습니다. 내면과의 대화를 통해 선택하는 일도 많습니다. 예를 들면 '지금 밥을 먹을까, 라면을 먹을까?' 또는 '영화를 볼까, 연극을 볼까?' 하는 선택을 할 때도 자기 자신이 무엇을 원하는지 묻고 결정하는 과정이 반드시 있습니다. 하지만 자각하지 못할 경우 책이나 다른 사람의 평가로 자신의 행위를 관찰해볼 필요가 있습니다. 남을 비난하는 게 자연스러운 사람이라도 '아! 내가 이렇게 상대방을 비난하니 나도 힘들고 상대방도 힘들구나!'라는 것을 스스로 관찰할 수 있다면 내면과의 대화를 통해 다른 행동을 선택할 수 있습니다.

사실 누군가를 비난할 때는 상대보다 자기에게 먼저 좋지 않은 느낌이 일어납니다. 이는 자기 스스로에게 예리한 칼날을 들이대는 것과 같습니다. 가장 먼저 자신이 상처를 받게 됩니다. 그런 일을 하루 이틀이 아니라 회사 생활 내내 지속한다면 내면에 무수한 상처가 생기게 되는 것입니다. 이러한 상처가 적대감, 분노, 초조, 두려움, 강박관념 등의 형태로 나타나 몸을 상하게 합니다.

상대방과 조화롭게 지내려면 비난 대신에 기쁨을, 고통 대신에 즐거움을 베풀 줄 알아야 합니다. 불안 대신에 평화로움을 자주 느낄 수 있어야 합니다. 상대방을 기쁘게, 즐겁게, 평화롭게 해준다는 것은 알고 보면 자기 마음이 기쁨과 즐거움과 평화로움으로 넘치는 것입니다.

오랫동안 쓰지 않던 집안의 가재도구들을 몽땅 들어내고
오랫동안 쌓여 있던 먼지를 털어내고
오랫동안 쓰지 않던 수도관을 교체하고
마당의 모든 잡초를 제거하고
새로 벽지를 바르고
비가 새지 않게 지붕을 새로 올리고
앞뒷문을 활짝 열고
바닥에 누워 콧노래를 불러보세요

가득 차 보이던 모든 짐은 본래 없었던 것이고
오랫동안 닫혀 있던 문이 열리면 답답한 공기는 어느새 없어지고
잡초가 사라진 마당에는 푸른 잔디가 본래의 모습으로 드러나고
비가 새던 천장이 단단히 더위와 추위를 막아주듯이
내 마음을 리모델링하는 것입니다.

어떻게 한다고요? 내면을 들여다보고 관찰해보라는 것입니다. 내 말과 행동이 나와 상대방을 힘들게 하는지, 아니면 즐겁고 행복하게 하는지를 스스로 고요히 관조해보세요. 그리고 반복해서 훌륭한 마음을 자꾸 꺼내 쓰도록 하는 겁니다.

빛만 있고 어둠은 본래 없습니다. 그래서 평화로움을 느끼면 화는 사라집니다. 상대방을 긍정하고 존중하는 습관은 비난을 없애줍니다. 상대방을 바꾸려고 했던 모든 시도를 내려놓습니다. 상대방을 바꾸려는 생각 속에는 이미 상대방이 잘못되었다는 생각이 밑바탕에 깔려 있는 것이므로 상대방은 절대로 바뀌지 않습니다. 오히려 상대방을 바라보는 내 마음을 차원이 다른 업그레이드된 생각으로 전환해야 합니다. 상대방에 대한 부정적인 생각이 들 때마다 마음속 깊은 곳을 향해 속삭여보세요.

"나는 늘 느긋하고 여유롭다!"

"나는 모든 것을 늘 긍정적으로 판단한다!"

"나는 지혜 자체이기에 상대방의 훌륭한 모습만 본다!"

"그래서 나는 늘 모든 이들과 조화롭게 살아가며 즐거워한다!"

"조화롭게 살아가니 상대방이 나를 행복하고 즐겁게 해주는구나!"

"참으로 고맙구나!"

이러한 생각이 마음속에 자연스럽게 녹아들도록 꾸준히 반복합니다. 내면 깊이 녹아든 생각은 자기도 모르게 드러나 상대방과 조화롭게 말하고 행동하게 합니다. 이렇게 할 때 타인과의 관계 때문에 겪는 스트레스는 온데간데 없어지고 늘 즐겁고 행복한 대인관계를 누리게 됩니다.

❶ 내가 어떤 신념을 가져야 모든 이들과 조화롭게 살아갈 수 있을까?

----

❷ 상대방의 훌륭한 점, 옳은 점만 보면 상대방이 나를 대하는 태도가 어떻게 달라질까?

내면의 평화가
일상의 평화를 만든다

나는 이 세계의 축제에 초대받았고, 그래서 내 생명을 축복받았습니다.
내 눈은 보았고, 내 귀는 들었습니다.
이 향연에서 내가 맡은 일은 악기를 연주하는 것이었고, 또 나는 내 힘껏 연주했습니다.
이제 보십시오. 내가 들어가서 당신의 얼굴을 보고
당신에게 침묵의 인사를 드릴 때가 마침내 오지 않았습니까?

– 타고르

단잠을 이루는 이에게 밤은 꿀처럼 달콤하지만, 잠 못 이루는 이에게 밤은 괴로움 그 자체입니다. 똑같은 밤이 각기 다르게 느껴지는 것은 밤이라는 조건이 문제가 아니라, 그 사람의 내면에 있는 평화 또는 불안을 느끼는 마음의 습관에 그 원인이 있습니다. 수십 년을 헤어져 있던 그리운 이를 만나서 보내는 하루와 견원지간이 마지못해 한곳에서 보내는 하루는 같은 시간이라도 하늘과 땅만큼의 차이가 납니다. 돈, 승진, 대인관계, 일에서 느끼는 것도 마찬가지입니다. "잘되겠지, 걱정해서 해결될 것은 아무것도 없어. 편하게 생각하자!"

하고 마음을 긍정적으로 전환하면 스트레스가 생겨도 유연하고 창의적으로 문제를 해결해 나갈 수 있습니다. 그리고 문제에 집착하지 않고 해결하기 위한 방법을 떠올려 일에 몰입할 수 있습니다. 해결책에 몰입할 때 그 문제는 작아지고 엷어지고 어렵지 않게 해결됩니다. 반면에 "잘 안 되면 어떡하지, 아! 정말 힘들어" 하고 부정적으로 대응하는 사람은 불편한 마음이 당면한 문제점에만 초점을 맞추게 합니다. 해결 방향으로 관심을 돌리기보다는 자꾸만 문제를 부풀려서 생각하게 합니다. 따라서 직면한 문제를 더욱 어렵게 만듭니다.

상황을 판단하고 대응 방안을 세우고 실행에 옮겨서 문제를 어떻게 해결하는가는 각자에게 독특하게 형성된 무의식이 결정합니다. "나는 충분히 해낼 수 있어!"라고 적극적으로 판단한 사람이 있다고 합시다. 이런 생각은 의식할 수는 없지만 무의식에서 긍정적으로 떠오르는 감정과 생각을 바탕으로 이루어집니다. 모든 생각의 이면에는 그렇게 생각할 수밖에 없도록 먼저 작용하는 무의식이 있는 것입니다.

외부의 상황에 쉽게 흔들리는 사람은 외부 스트레스가 1차 원인인 것처럼 보여도, 보다 근본적인 이유는 자신의 잠재의식에 쌓여 있는 불안감과 두려움 때문입니다. 그 잠재의식에서 습관적으로 떠오르는 불안과 두려움이 자기도 모르게 현실에 대한 부정적 판단을 일으키는 것입니다. 그럼으로써 무의식에 끌려갈 수밖에 없는 것이고요.

바닷물의 표면에서는 늘 물결이 일렁이고 포말이 물방울로 맺혔다가 부서지면서 끊임없이 부침을 거듭하지만, 바다 깊숙한 곳에서는 움직임이 없습니다. 해일이 몰려와 모든 것을 산산조각 내더라도 깊은 바다 속에 있는 잠수부는 그 해일을 전혀 의식하지 못합니다. 마찬가지로 얕은 생각에서 벗어나려면 더 깊은 마음을 긍정적이고 지혜롭게 바꾸면 됩니다. 그것이 외부 상황에 흔들리지 않는 문제 해결의 핵심입니다.

장쓰안의 《나를 이기는 힘, 평상심》이라는 책을 보면 자기 생각, 자기 고집을 바꿔야 하는 이유를 잘 설명하고 있습니다.

나비 한 마리가 열린 창문 사이로 날아 들어왔습니다. 방 안을 계속 맴돌던 나비는 바깥으로 나가려다 방향감각을 잃고 당황했지요. 안간힘을 썼지만 원래 들어왔던 창문을 찾지 못한 이유는 천장에 바짝 붙어서 날아다녔기 때문입니다. 조금만 낮게 날아다녔다면 창이 열린 것을 알았을 텐데 그러지 못한 것이지요. 창문 바로 한 뼘 위까지 접근했던 나비는 조금 더 몸을 낮춰야 한다는 사실을 알지 못했습니다. 결국 기운이 빠진 나비는 탁자 위로 떨어져 죽었습니다. 나비보다 더 융통성이 없는 생물은 연어지요. 평소에 깊은 바다에서 무리 지어 사는 연어는 여름 초입에 들어서면 산란을 위해 얕은 바다로 이동합니다. 어부들이 연어를 잡는 방법은 꽤나 간단합니다. 하단에 철망이 달린 성긴 대나무 발을 바다에 던져놓고 두 척의 배로 끌면 연어들이 그대로 잡힙니다. 고집이 센 연어들은 앞으로만 나아갈 뿐 뒤를 돌아보지 않기 때문에 망에 걸려들어도 멈추거나 방향을 바꾸지 않습니다. 게다가 성난 연어들은 발을 조여도 도망을 가지 않고 계속 몸부림치다 결국 어부의 손에 들어갑니다.

창문 한 뼘 위까지 갔던 나비가 조금 더 몸을 낮출 수 있었다면 그 나비는 창문을 통해 바깥으로 날아갈 수 있었을 것입니다. 연어 또한 직진하는 습성을 버리고 뒤로 물러날 줄 알았다면 그물에서 벗어나 본래의 산란지로 갈 수 있었겠지요. 나비나 연어에게는 자기를 바꿀 수 있는 지혜가 없습니다. 그러나 인간인 나는 나를 지배하는 무의식에서 자유로워질 수 있습니다. 무의식적인 불안감을 없애면 외부 요인에 흔들리지 않는 평화를 누릴 수 있습니다. 자기를 고집하지 않고 나를 가둔 창문과 그물이라는 고정관념을 사라지게 해야 합니다.

나의 습관적인 무의식이 '나는 평화로울 때도 있고 불안할 때도 있다!'라고 인정하게 되면 그 생각대로 평화로움과 불안을 번갈아 느끼게 됩니다. 그러나 불안을 없애고 늘 평화로운 상태를 유지하려면 '나는 언제나 평화롭다'는 생각을 흔쾌히 받아들여야 합니다. 이것이 변화의 첫걸음입니다. 그런 다음에는 반복해서 조건 없는 평화가 깊은 내면에 녹아들게 만들어야 합니다. 이렇게 언제나 평화로운 상태가 내 본래 모습이라 선언하고, 이 생각이 무의식에 선명하게 새겨지도록 반복하는 것이 중요합니다.

나는 어느 때는 사랑을 느끼다가도 어느 때는 미움을 느끼는 평범한 존재가 아니라, '내 본래 모습은 조건 없는 사랑'이라고 자기를 규정하는 것입니다. 언제나 모든 이에게 한없이 베풀 수 있는 사랑이 자기의 본래 모습이라는 것을 터득하는 것입니다. 언제나 자녀에게, 아내에게 사랑의 말을 전하고, 동료에게도 친절을 베푸는 것입니다. 친절을 베풀고도 베풀었다는 생각을 잊어버릴 정도로 말이지요. 그리고 나는 평소에는 건강하지만 조금 무리하면 아프기도 하는 그런 존재가 아니라, 항상 건강하고 생명력이 약동하는 탁월한 정신적 존재임을, 무엇에도 거침이 없는 즐거움이 넘치는 존재임을 체득하는 것입니다.

이처럼 조건 없이 항상 즐겁고 평화롭고 싱싱한 느낌이 인간 본연의 순수의식입니다. 이 순수의식을 반복해서 무의식에 들려주게 되면, 구름이 사라지면 태양이 빛을 발하는 것처럼 마음속에서 두려움이 사라지고 대신 그 자리에 조건에 영향받지 않는 평화로움이 모습을 드러냅니다.

아무것에도 방해받지 않는 조용한 방에서 의자나 방석에 허리를 펴고 조용히 앉습니다. 눈을 감고 아무런 움직임 없이 고요히 있으면 놀라울 정도로 무수한 잡념이 떠오릅니다. 가을밤 TV를 끄면 작은 풀벌레 소리까지 들리듯이 모든 동작을 멈추고 고요히 앉아 있으면 마음속에서 얼마나 많은 잡념이 일어나는지를 알 수 있습니다. 불안이 많은 사람은 채 5분을 앉아 있지 못하기도 합니다. 고요한 상태에서 이제 자기 자신에게 이렇게 속삭여주세요.

나도 모르게 느끼는 불안과 두려움은 가짜입니다.

이것은 단지 나의 좁은 개체적인 무의식에서 느끼는 습관일 뿐입니다.

진짜 내 마음은 어떤 경우에도 흔들리지 않는 깊은 바다와 같은 평화로움입니다.

나는 순수의식의 존재입니다.

나는 언제나 기쁘고 평화롭게 살아갑니다.

나는 조건 없는 사랑이기에 모든 존재에게 무한한 사랑을 베풉니다.

나는 모든 존재와 조화롭게 살아가며 즐거워합니다.

나는 항상 싱싱하고 풍요로운 생명의식입니다.

나는 무엇이든지 해낼 수 있는 무한 능력의 존재입니다.

나는 모든 것이 늘 고맙습니다.

이런 생각을 마음속 깊이 조용하게 들려주는 작업을 하루에 20분씩 반복합니다. 생각과 더불어 떠오르는 좋은 느낌을 지속적으로 감지하면서 말입니다.

무의식을 탁월하게 업그레이드하려면 불안하고 두려운 생각을 억지로 없애려 하지 말고, 그냥 자신의 고정관념을 뛰어넘는 탁월한 생각을 반복해서 느끼면 됩니다. 불안한 마음을 없애려 할수록 불안한 생각이 더욱 떠오릅니다. 반대로 지금까지 생각해볼 수 없었던 탁월한 생각을 반복해서 느낄수록 늘 부정적인 생각을 하던 습관은 힘을 잃게 됩니다.

처음에는 걱정과 근심과 불안한 생각이 지속적으로 떠올라서 깊은 내면에서 솟아나는 즐거움을 맛보기가 어렵습니다. 그러나 하루이틀이 지나고, 한 달 두 달, 1년을 반복하게 되면 자신도 모르게 느꼈던 걱정과 근심과 불안한 생각의 농도가 옅어지게 됩니다. 사람에 따라 차이는 있지만, 대체로 1년 반 정도 꾸준히 하면 부정적 무의식은 맑아지고, 사랑, 감사, 조화로움, 친절함, 건강함 같은 어떤 어려움도 능히 이겨낼 수 있는 본래의 평화로움이 마음속에 선명하게 드러나고 자리 잡게 됩니다. 흔들리지 않는 평화로운 마음은 외부 상황을 즐거움으로 누릴 수 있게 만들어줍니다. 끝이 없을 것 같던 두려움, 걱정, 괴로움이 사라지고 평화로움, 낙관, 지혜, 무한한 능력이 빛을 발하기 시작합니다. 비로소 이때 흔들리지 않는 평화가 찾아옵니다.

❶ 내 무의식에 있는 부정적 정서를 어떻게 하면 사라지게 할 수 있을까?

----

❷ 어떻게 하면 가장 강한 평화로운 힘을 지금 이 순간 발휘할 수 있을까?

배우고 가르치고 교감하는
관계를 만들라

　'내가 이렇게 행복해도 되는 거야?'라는 의심을 가진 사람의 마음 속에는 이미 불안이 자리 잡고 있습니다. 그래서 다가온 행복을 기뻐하지 못하고 누리지도 못합니다. 그러면 어느덧 불행이 슬며시 다가와 있기도 합니다. 반면 '행복은 내가 누릴 당연한 권리'라고 생각하는 사람에게는 불행이 저절로 멀어집니다. 그런 사람은 다소 힘든 일이 생겨도 지나갈 일이라고 여기기 때문에 불행으로 느끼지도 않습니다.

　행복과 불행, 어둠과 빛, 싱싱함과 스트레스라는 이원론적인 상식에서 행복만 있고 빛만 있고 성성함만 누리는 삶! 그런 삶의 깨달음을 일깨워주신 분이 제게는 있습니다. 그분을 만나고 그분에게 배우면서 저는 저 자신은 물론이고 가족과 주변 사람들이 깜짝 놀랄 만큼 크게 변화하고 다른 사람이 되었습니다. 민감해서 불면의 밤을 보내기 일쑤였던 제가 이제는 평화롭고 느긋한 심성을 갖게 되어서 서너 시간을 자고도 상쾌한 아침을 맞이합니다. 사소한 일에도 화를 내곤 했는데, 이제는 뜻하지 않은 일이 생겨도 웃으면서 받아들이고 편안하게 상대방을 대할 수 있게 되었습니다. 이제는 화를 낸 기억조차 희미할 정도입니다. 제 마음속에 오랫동안 자리 잡고 있었던 분노가 사라졌기 때문입니다. 어떤 상황을 만나도 걱정하기보다는 잘 해낼 수 있는 지혜가 떠오릅니다. '감사합니다'라는 말이 습관이 되다 보니 기대하지 않았는데도 고마운 일이 절로 생깁니다. 삶을 대하는 근본적인 생각과 행동이 바뀌다 보니 50대 초반인데도 20대 못지않은 건강을 누리고 있습니다. 강의와 코칭을 요청하는 사람도 많아졌습니다.

  심리학자들은, 인간의 무의식은 변하지 않는다고 말합니다. 그러나 저는 변할 수 있다고 자신 있게 말하고 싶습니다. 저는 오랫동안 거의 술로 지새웠던 술꾼의 모습에서 벗어났습니다. 술을 끊은 지 1년 반이 되어가던 어느 날 고3인 큰딸이 '이제는 아빠를 사랑할 수 있게 되었다'고 말해주었습니다. 딸아이의 말을 들으면서 눈시울이 뜨거워졌습니다. 술에 취해 실수하는 저 때문에 밤 12시가 넘으면 긴장하면서 저를 기다렸던 아내 또한 편안한 저녁을 맞이한 지 오래입니다. 더욱이 남편의 술로 인한 스트레스가 사라지면서 흔히 겪는다는 갱년기 증상 하나 없이 아내도 젊음을 누리며 즐겁게 자신의 일과 생활에 행복을 느끼고 삽니다. 참으로 감사한 일입니다.

저의 이런 변화는 2003년에 만나 지금도 제게 많은 가르침을 주시는 스승, 마스터코치님 덕분입니다. 신병천 마스터코치님을 만나지 못했더라면 저는 지금 이 자리에 있지도 못했을 것이고, 제 경험과 체험과 배움을 더 많은 사람과 나누고자 이 책을 쓰는 일도 하지 못했을 것입니다. 인생의 스승이자 삶의 멘토가 되어주신 마스터코치님께 한없는 감사와 존경의 말씀을 전합니다.

지금까지와는 다른 삶을 살고자 할 때, 자신을 변화시키고자 할 때 눈을 들어 주위를 둘러보십시오. 의외로 가까운 곳에 삶의 스승이 되어줄 분이 계실 것입니다. 간절히 원한다면 반드시 가까운 곳에 계실 것입니다. 이는 제 경험으로 확신할 수 있습니다.

자기 자신의 생각이 바뀌지 않는 삶은 발전이 없는 삶입니다. 왜냐하면 자기만의 생각에 갇혀 있기 때문입니다. 심지어 어떤 사람은 자기 생각에 자기가 갇혀 있다는 자각도 하지 못하고 평생을 살아갑니다.

이 책 속의 내용은 거의 모두 제가 직접 체험하고 실천한 것입니다. 저뿐 아니라 저와 함께 배우고 또 가르치고 계시는 모든 사람이 경험한 일이기도 합니다. 물론 한 번에 모든 것이 변하고, 금방 삶이 달라지는 것은 아닙니다. 끊임없이 시도하고 꾸준히 반복하면서 체화했을 때 그 효과는 상상한 것보다 훨씬 큽니다.

이 책은 단순히 생각을 바꾸는 방법을 이야기하지 않습니다. 의식적인 행동을 바꾸라는 조언으로 채우지도 않았습니다. 제가 강조하고 싶은 것은 자기 자신도 모르는 무의식을 얼마나 바꿀 수 있는지, 무의식이 변화될 때 삶이 얼마나 달라지는지 체험해보라는 것입니다.

내면의 무의식이 맑아지면 깊숙이 감춰져 있던 지혜가 자연스럽게 빛을 발하기 시작합니다. 의식적인 습관보다 무의식적인 습관이 삶을 지배하는 경우가 훨씬 많습니다. 무의식적인 습관을 긍정적으로 바꾸고, 이를 의식으로, 행동으로 실천하면 그동안 자신도 모르고 있던 평화롭고 행복한 본래의 탁월한 자신을 발견할 수 있게 됩니다. 더불어 가정과 직장에서도 훨씬 즐겁고 감사한 일이 넘치는 경험을 하게 됩니다.

제 경험만이 각별한 것이라고 생각하지 않습니다. 이 책을 읽은 여러분도 자기 자신의 무의식 속에 자리 잡고 있는 습관을 긍정적으로 바꾸는 훈련을 해보시길 권합니다. 그리고 이 책을 덮는 순간, 그 훈련을 매일 실천하려는 자기 자신과 만나시기를 바랍니다. 무의식이 긍정적으로 바뀌는 순간 얼마나 삶이 달라지는지, 제가 경험한 것 이상의 경험을 여러분도 누리실 수 있기를 바랍니다. 꼭 그렇게 될 것을 확신합니다.